波浪时空体系

王军凯◎著

中国宇航出版社
·北京·

图书在版编目(CIP)数据

波浪时空体系 /王军凯著. -- 北京:中国宇航出版社，2015.1（2015.5 重印）
ISBN 978-7-5159-0865-6

Ⅰ. ①波… Ⅱ. ①王… Ⅲ. ①股票投资 Ⅳ. ①F830.91

中国版本图书馆CIP数据核字(2014)第302098号

策划编辑 田方卿　**版式设计** 宇航数码
责任编辑 卢 珊　**封面设计** 时 浩

出版发行 中国宇航出版社
社 址 北京市阜成路8号 **邮 编** 100830
(010)68768548
网 址 www.caphbook.com
经 销 新华书店
发行部 (010)68371900 (010)88530478(传真)
(010)68768541 (010)68767294(传真)
零售店 读者服务部 北京宇航文苑
(010)68371105 (010)62529336
承 印 三河市君旺印务有限公司
版 次 2015年1月第1版 2015年5月第3次印刷
规 格 787×960 **开 本** 1/16
印 张 12.75 **字 数** 129千字
书 号 ISBN 978-7-5159-0865-6
定 价 32.00元

本书如有印装质量问题，可与发行部联系调换

前 言

在阅读本书之前，想告诉大家的是，本书从逻辑上颠覆了在全球已流传80年之久的著名的艾略特五升三跌八浪波浪理论，系统论述和证明了波浪理论的真正本质形态，即三升三跌三升九浪对称波浪理论。在对称波浪理论的基础上，总结出了等倍时间周期五大交替循环规律，形成了独立完整的波浪时空体系。

等倍时间周期是在对称波浪理论的基础上产生的，同时等倍时间周期也反过来证明了对称波浪理论的正确性，因为只有在对称波浪理论三升三跌三升九浪形态划分之下，等倍时间周期才会出现无限交替循环。

在证券投资界，道氏理论、艾略特波浪理论和江恩理论并称为三大技术分析理论。

道氏理论出现于20世纪初，是技术分析的鼻祖。道氏理论认为，趋势分为主要趋势、次要趋势和短期趋势。道氏理论的最大贡献，在于指出了趋势的重要性，趋势一旦形成，外力很难改变趋势的走向。

比如中国A股在2007年10月之后一路走熊，政府频繁推出的政策利好，一样不能改变熊市的走向。再如中国房地产从2000年至2013年形成的大牛市，买房难成了社会性话题，在这个过程中，政府出台了一系列措施来调控房地产市场，但房价仍然一路冲高。在国外股市或者楼市运行规律中，也同样存在着类似的现象。

当然，这并不是说政府出台调控措施没有作用，恰恰相反，调控措施非常有必要，可以给投资者一个明确的信号，促使投资者更加冷静，从而对大趋势产生一定的调节和降温。这与市场经济同样需要政府进行宏观调控的道理一样。

需要说明的是，调控并不能改变趋势的走向，而要直到市场本身将趋势的力量消耗殆尽，行情才会真正反转。

在实际应用中，道氏理论只是指明了方向，并没有指出应该如何操作。投资者只能盲目等待趋势，不知道趋势何时开始，何时结束。当发现趋势形成之时，可能行情已经走了一半，这时入场难免畏首畏尾，担心行情很快反转。

正因为这一点，道氏理论的创立者——查尔斯•亨利•道（Charles Henry Dow）声称，其理论并不是用于预测股市，甚至不能用于指导投资者，而是一种反映市场总体趋势的晴雨表。

有些经济学者总是用经济形势来预测股市走向，其实这是很困难的。

第一，道氏理论的假设之一，就是市场会反映每一条信息。当经济形势出现变化时，股市会迅速对其进行评估并作出反应。股市总是将经济形势提前反应并放大出来，如果用经济形势来预测股市，就会后知后觉。

比如日本20世纪90年代初经济泡沫破裂，1989年底，日本股市就已经见顶，之后一路向下，一连跌了近20年才开始触底反弹。当然，在此之前，日本股市也一连上涨了20年，走出了一波超级大牛市。日本楼市则从1992年开始见顶，之后一路向下。当楼市见顶时，股市已经下跌了一半。

第二，道氏理论强调了趋势的重要性。只要经济形势总体保持健康，股市会按照自身的发展趋势和牛熊交替规律来运行，熊市结束后会迎来牛市，牛市结束自然也会迎来熊市。当经济形势向好时，一样会存在熊市。当经济形势出现困难时，也一样存在牛市。

何谓经济形势总体健康，即经济增长持续保持在一个稳定的数值附近，金融系统稳定，实体经济没有出现大的泡沫。当中国经济增长率从10%以上降到7.5%或7%时，总体上依然是健康的。经济总量太大，已无法支撑更高的增长率，就算7%或6%的增长率，在全球依然名列前茅。有些经济学者表示，中国经济增长速度已经开始下滑，不要期待新的牛市。这种观点显然是站不住脚的。

艾略特波浪理论是很多投资者最常使用的理论，也是最受欢迎的理论之一。艾略特波浪理论由美国证券分析家拉尔夫•纳尔逊•艾略特（Ralph Nelson Elliott）于1934年提出。

艾略特波浪理论认为，一个完整的股市涨跌周期由五升三跌八浪组成。但是投资者在长期应用艾略特波浪理论的过程中，经常会遇到一些令人费解的问题，比如五升三跌好像怎么划分都对，又好像怎么划分都不对。当划分不准时，甚至会对浪形强行加入一些新的解释，如失败浪和延长浪等。这种解释难免有牵强附会之嫌。市场的实际走势，也往往和艾略特波浪理论作出的预测有着很大的出入。

我在早期接触到艾略特波浪理论时，也产生过一些疑问。

宇宙力量是如此地平衡，大自然是如此地和谐，为何波浪理论会是五升三跌，而不是五升五跌，或者是三升三跌？

在外汇市场中，如果说欧元兑美元是五升三跌的话，那么美元兑欧元不是就成了三升五跌了？难道说外汇市场根本就不适用这一理论？这一理论到底是对是错，对或错的本质问题在哪里？

鉴于该理论流传几十年而长盛不衰，自己当初也只好硬着头皮按照艾略特波浪理论进行走势分析，直到发现问题太多，实在无法坚持下去。

艾略特波浪理论最致命的问题，还在于其本身存在的逻辑错误，这一逻辑错误到现在还没有人明确提出过。

其逻辑错误在于，在艾略特波浪理论中，五升三跌八浪为一个基本单元，即1-2-3-4-5五个主升浪和a-b-c三个调整浪，大浪包含着中浪，中浪包含着小浪，小浪中包含着微小浪，当然大浪以上还有超大浪，无限循环下去。

当我们对某一完整的五升三跌八浪划分子浪时，该浪中的1、2浪可以看作是一个子浪的五升三跌浪，该浪中的3、4浪也可以看作是一个子浪的五升三跌浪，但是该浪中的第5浪，只能划分为子浪的五升浪，没有子浪的三跌浪出现。

也就是说，在艾略特波浪理论中，第5浪并没有包含一个次一级别的a-b-c调整浪，只有光秃秃的次一级1-2-3-4-5上升浪。这与五升三跌的基本单元产生了明显的逻辑冲突，从而导致艾略特波浪理论无法自圆其说。仅从这一点来看，无论五升三跌、五升五跌还是三升三跌，都存在最后一波上升浪没有次一级调整浪的逻辑错误。

本书内容之一，指出艾略特五升三跌八浪波浪理论，只是因为美国道琼斯工业指数牛长熊短而总结出的一种表象形态。波浪理论真正的本质形态是三升三跌三升九浪波浪形态，我将这种波浪理论的本质形态定义为对称波浪理论。

即便如此，艾略特先生仍然是历史上最伟大的证券分析家之一，他为人类认识世界运行规律，提出了一种极为重要的分析方法，即波浪分析法。

再说江恩理论。江恩理论的伟大之处，在于指出了投资市场中时间的重要性。但是江恩理论过于重视“7”及其倍数，认为7、14、21等是市场的重要转折点。这好像没有任何逻辑性，只是一种宗教信仰式的想象，在实际应用中也没有可操作性。另外，江恩理论的创立者——威廉•江恩（William Delbert Gann），还创造性地提出了江恩角度线、江恩六角形、轮中轮等，给投资者提供了不少分析方法。但是其理论大多神秘而又晦涩，投资者在实战交易中难以运用。

一些证券投资者在利用时间周期线对市场行情进行分析时，可能会发现股市中存在一些神奇的时间周期现象。比如某一低点和某一高点之间所用时间的x倍，刚好是接下来另一个重要高点的形成时间，但是并没有人总结出任何规律，或者形成任何理论。

我在接触到这一时间周期现象时，提出了两点假设。

第一，波浪理论作为股市运行规律的基本形态，时间周期一定和波浪理论有某种必然的联系。某个时间周期之间的低点和高点，一定是波浪理论中特定的低点和高点，而不应该是任意一个低点和高点。

第二，在这个世界上，证券分析师不计其数，如果时间周期和波浪理论存在必然的联系，但至今仍然没有任何分析师就股市中存在的时间周期现象总结出任何规律，那么很有可能是因为传统的艾略特五升三跌八浪波浪理论本身是错误的。这一点正是我抛弃艾略特波浪理论，重新探索波浪理论本质形态的重要原因之一。

后来的一系列发现，证明我的这两点假设是正确的。并且在发现对称波浪理论的同时，我也发现了时间周期的五大交替循环规律，我将其定义为等倍时间周期。

需要特别说明的是，对称波浪理论和等倍时间周期是同时发现的，它们之间是紧密结合，相辅相成，相互证明的。

没有等倍时间周期，很难产生对称波浪理论，因为无法证明对称波浪理论的正确性。一个理论只有被证明，才能称为正确。同样，没有对称波浪理论，更不会产生等倍时间周期，因为无法在错误的波浪划分中提炼、归纳出时间周期的规律性。事实上，等倍时间周期会伴随对称波浪理论进行无限交替循环。

正是因为对称波浪理论和等倍时间周期之间的紧密联系，将它们统称为波浪时空体系。

波浪时空体系不仅可以运用在股票投资中，还可以运用在石油、黄金、白银、钢材、铝业、铜业等期货市场投资，以及房地产、化工等周期性行业的市场判断上。利用这一规律，当一家房地产开发企业发现房价可能即将出现长时间调整时，可以将资金更多地投资在其他正在上升阶段的周期性行业，或者投入消费类的非周期性行业上，以回避房地产市场调整产生的风险。

本书所总结的波浪时空体系，初步形成于2012年，系统性完善于2013年。最初是从研究股市中存在的神奇时间周期现象入手，不断尝试结合各种类型的波浪形态，经过反复多次的尝试之后，终于发现在一种波浪形态之中，时间周期实现了无限交替循环。接着再以此为突破点，寻找更多支持或者否定该理论的证据，同时将理论日渐系统化。

在开始撰写这本书的时候，我曾经设想，如果大部分投资者都选对了时机，那么股市将会变成什么样子？或者当大型基金在牛市顶点到来之前，就大量抛售股票，牛市顶点会不会提前到来，从而让股市变得更加难以捉摸？

后来我认为这种担心是多余的。市场本身自会调节，永远会让一部分投资者做对，也永远会让一部分投资者做错。在这个市场中，任何时候都有资金入场，任何时候也都有资金离场。

比如当行情已经出现明显顶背离时，仍然会有资金入场。其中有些资金是在不知道顶背离的情况下入场的，有些资金是明知道市场已经顶背离，但是价格还在不断地创出新高，以为自己判断错而忍不住入场的。

由于波浪时空体系刚刚建立，加上本人学识水平有限，难免存在错漏之处，欢迎批评指正。

谨以此书送给我的家人、朋友，以及广大的金融投资者。

目 录

第1章

神奇的时间周期现象

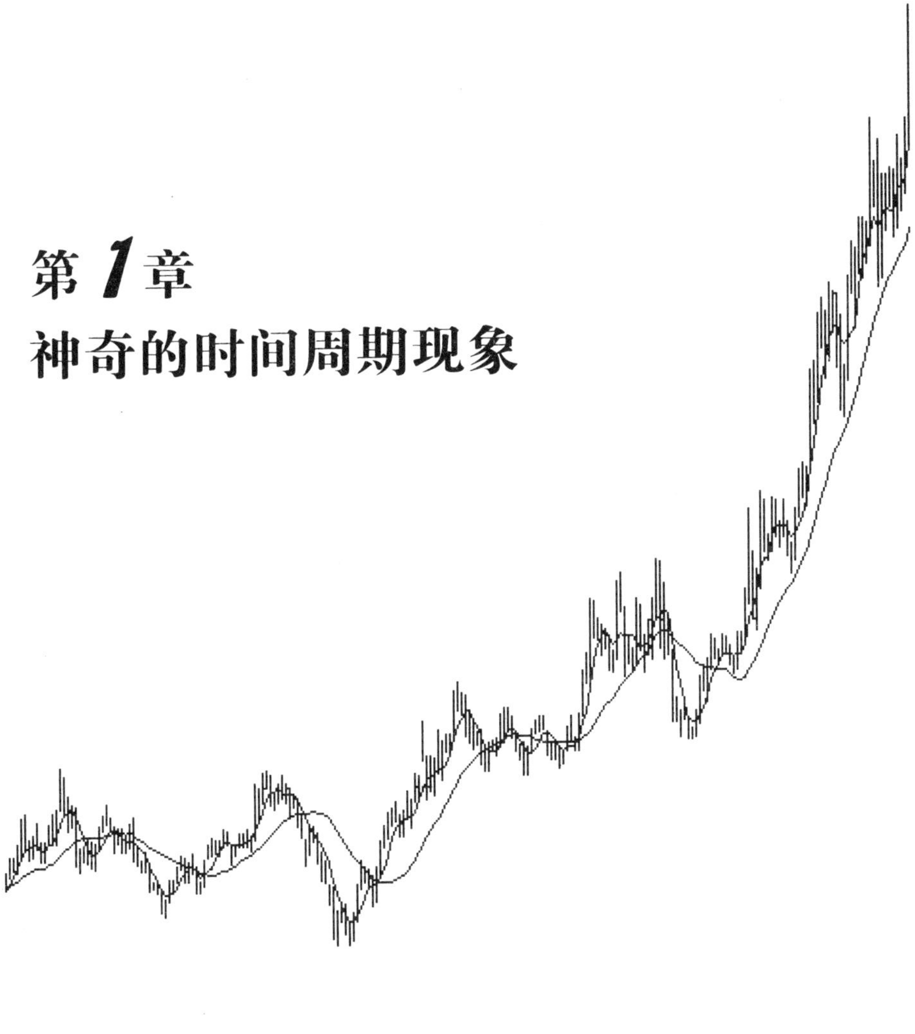

在本书的开篇，先来看一看股市中存在的神奇的时间周期现象。

案例1

在悦达投资（600805）日K线图中，从2008年11月低点至2009年7月高点所用时间的1倍，刚好落在2010年4月的高点上，如图1-1，前复权。

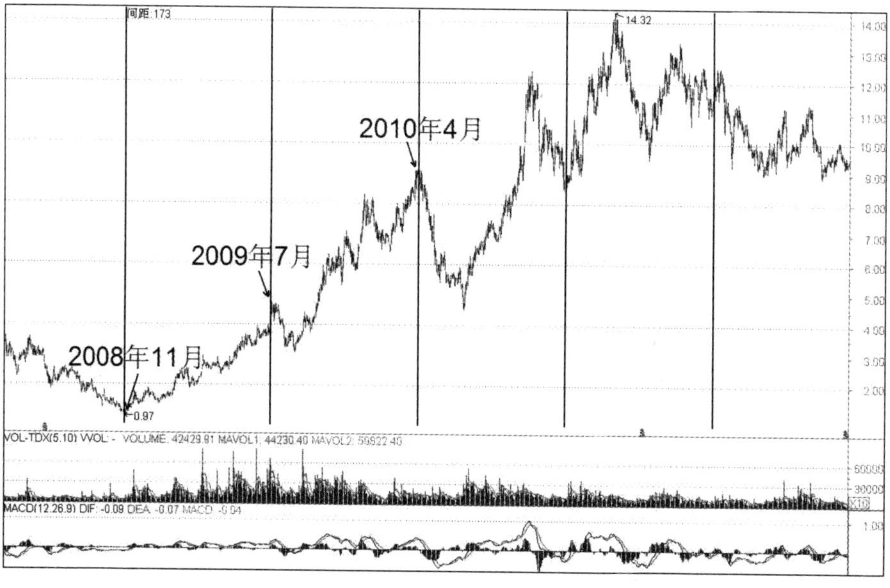

图1-1 悦达投资日K线图(一)

接下来，悦达投资从2009年9月低点至2010年4月高点所用时间的3/2倍，刚好落在2011年3月的高点上，如图1-2。

图1-2 悦达投资日K线图(二)

案例2

在西山煤电（000983）周K线图中，从2003年1月低点至2004年11月高点所用时间的3/2倍，刚好落在2007年10月的高点上，如图1-3，前复权。其中2004年11月的高点为双顶形态中的波浪顶。

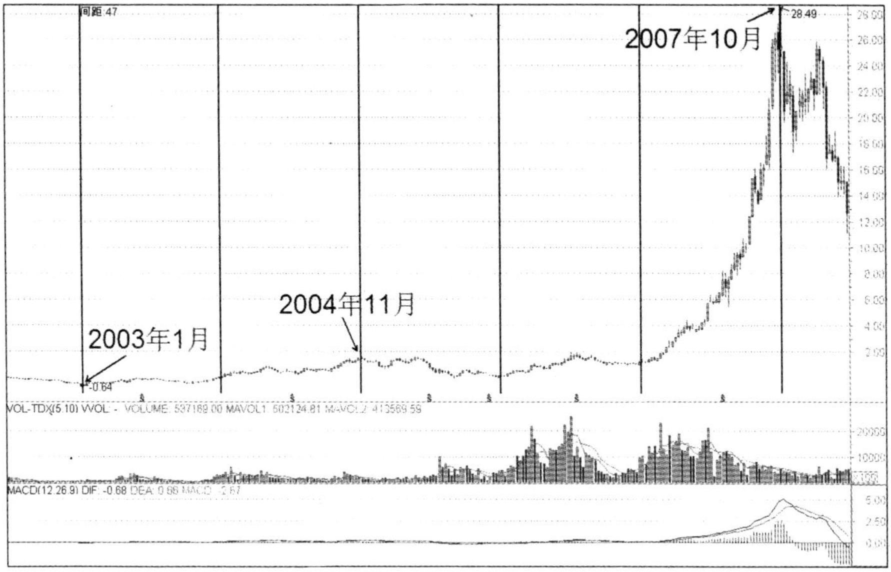

图1-3 西山煤电周K线图(一)

接下来，西山煤电从2005年7月低点至2007年10月高点所用时间的1倍，刚好落在2009年12月的高点上，如图1-4。

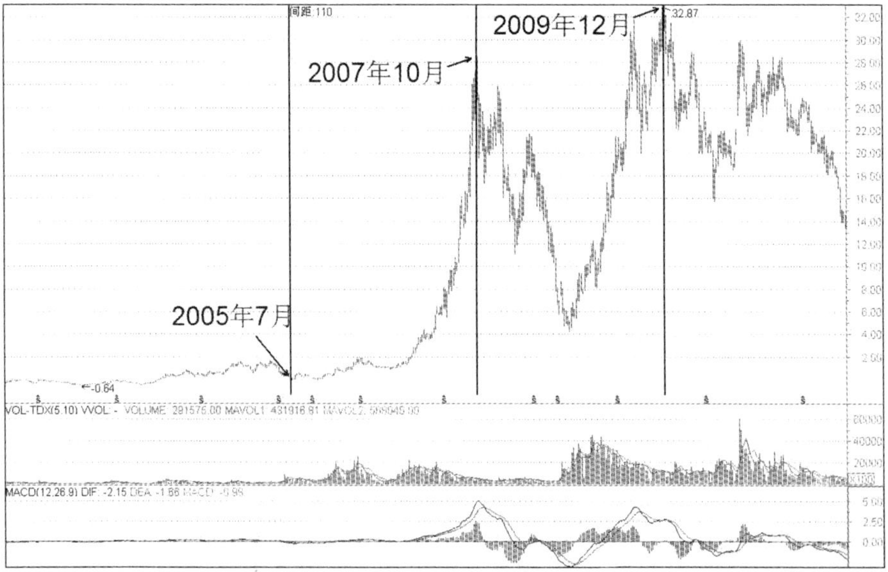

图1-4 西山煤电周K线图(二)

案例3

在山东黄金（600547）日K线图中，从2005年7月低点至2005年10月高点所用时间的2倍，刚好落在2006年5月的高点上，如图1-5，前复权。

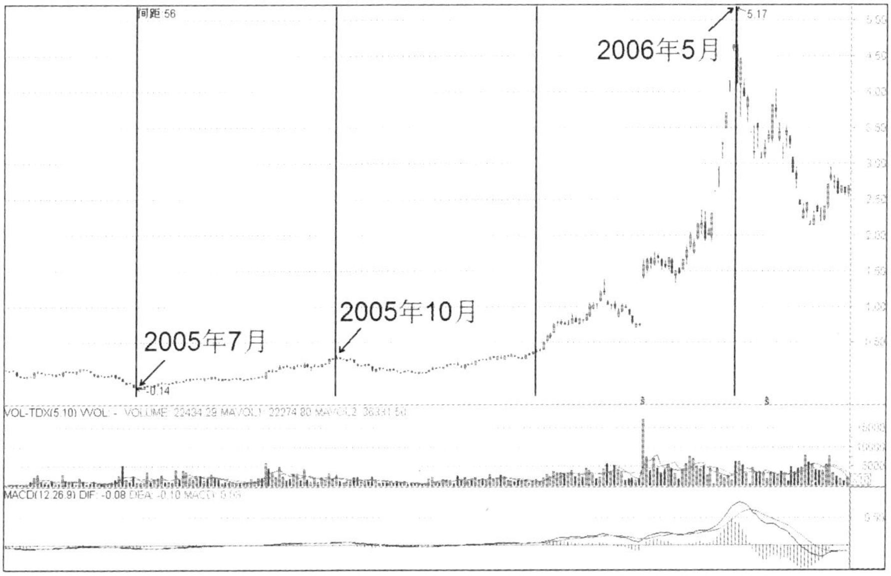

图1-5 山东黄金日K线图(一)

接下来，山东黄金从2005年7月低点至2006年8月低点所用时间的3/2倍，刚好落在2008年1月的高点上，如图1-6。

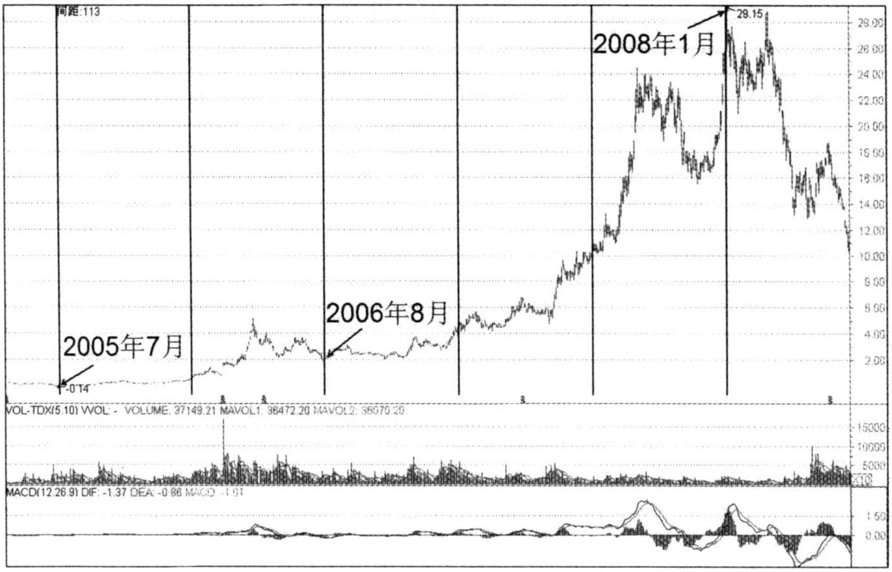

图1-6 山东黄金日K线图(二)

再接下来，山东黄金周K线图，从2008年1月高点至2008年9月低点所用时间的3倍，刚好落在2010年10月的高点上，如图1-7。其中2010年10月的高点为双顶形态中的波浪顶。

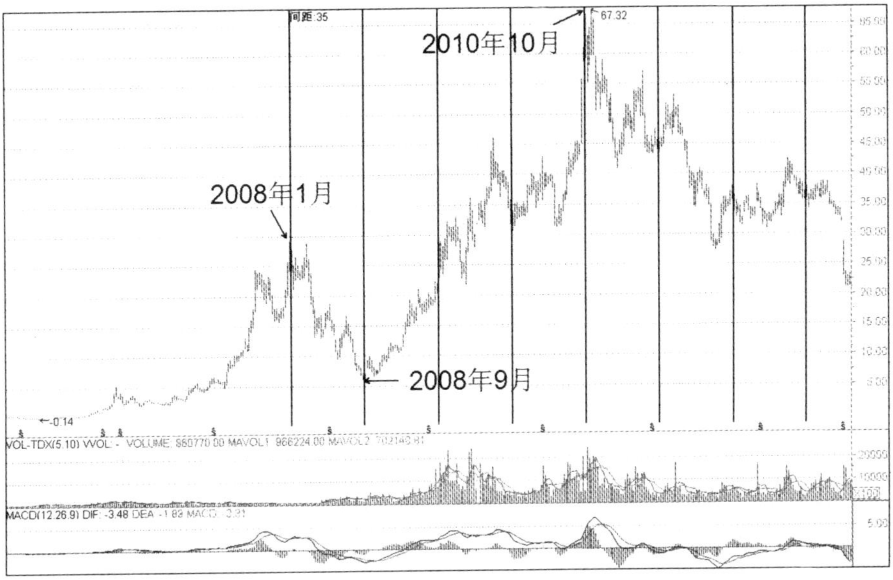

图1-7 山东黄金周K线图

案例4

在沪深300指数（SH000300）日K线图中，从2008年5月高点至2008年11月低点所用时间的3/2倍，刚好落在2009年8月的高点上，如图1-8。

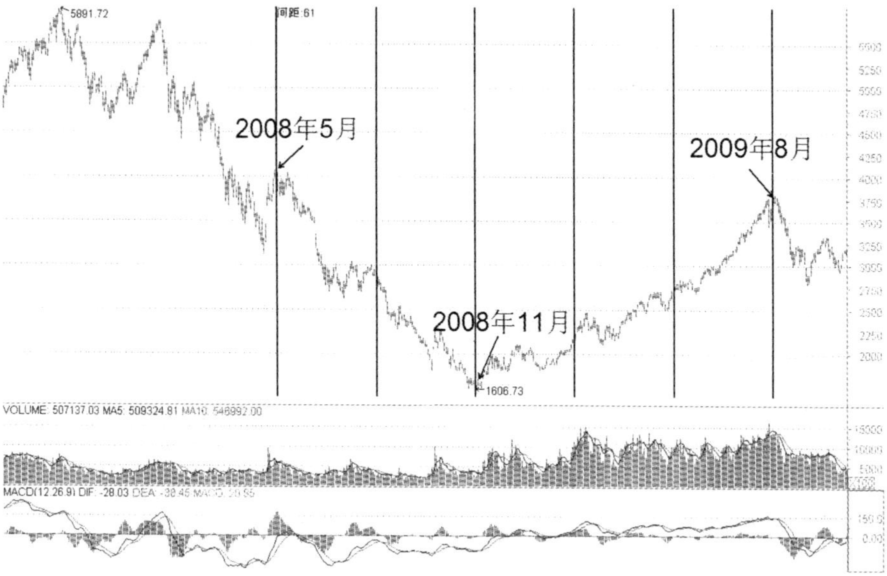

图1-8 沪深300指数日K线图

这一时间周期具有重大意义，将直接影响到对沪深300指数未来10年行情的判断，后文将对这一周期作出分析和解释。2009年8月之后，沪深300指数持续调整，这个点也成为接下来4年时间的最高点，直到新牛市出现，如图1-9。

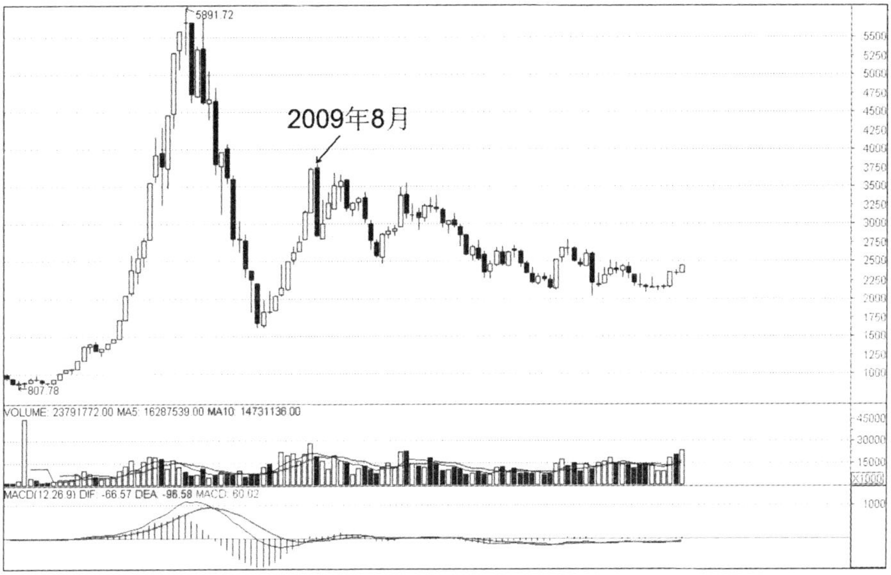

图1-9 沪深300指数月K线图

案例5

在美国标准普尔指数周K线图中，从1974年9月低点至1975年6月高点所用时间的2倍，刚好落在1976年12月的高点上，如图1-10。其中1976年12月的高点为双顶形态的波浪顶。

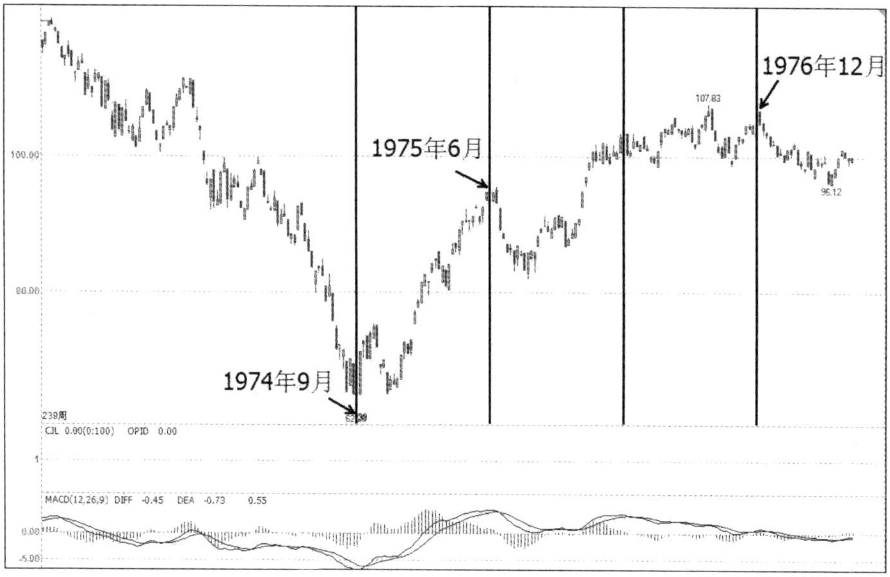

图1-10 美国标准普尔指数周K线图(一)

接下来，美国标准普尔指数从1975年9月低点至1976年12月高点所用时间的3倍，刚好落在1980年11月的高点上，如图1-11。

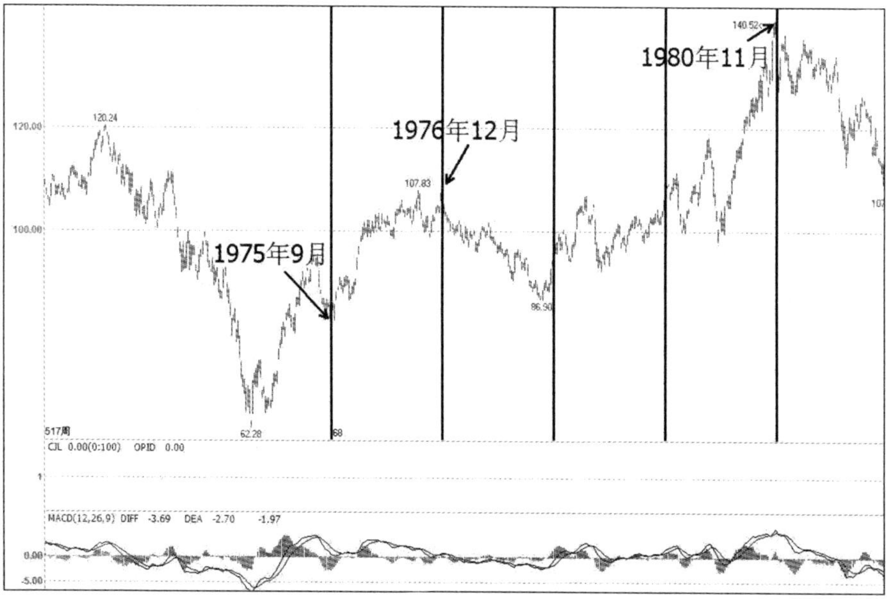

图1-11 美国标准普尔指数周K线图(二)

再接下来，美国标准普尔指数从1980年11月高点至1982年7月低点所用时间的3倍，刚好落在1987年8月的高点上，如图1-12。

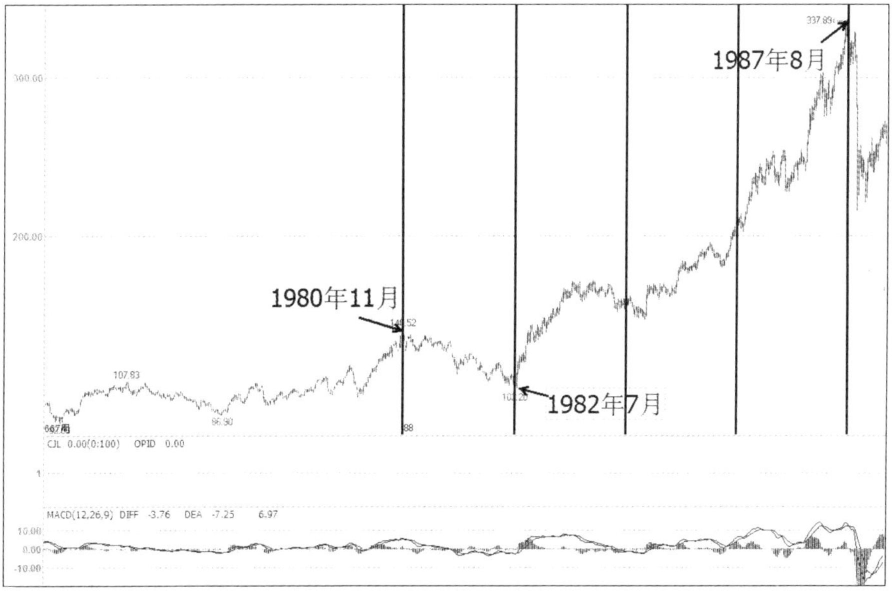

图1-12 美国标准普尔指数周K线图(三)

以上几个案例，有时会出现双顶或双底形态，但是在每个双顶或双底形态中，只有其中的一个顶或底，是真正的波浪顶或波浪底，这一点将在后文中作详细介绍。本书图中所画的顶或底，均为双顶或者双底形态中的波浪顶或波浪底。

通过以上几个案例，可以看到，在某些品种的日K线、周K线行情图中，的确存在着很多神奇的时间周期现象。那么这些现象只是巧合吗？显然不是。

事实上，在小时K线或者分钟K线中，也存在着大量的这种时间周期现象，可以说这种现象几乎无处不在。为了方便读者对照观察，以上只是简单列举了几个较大级别行情中时间周期现象的案例。

如果这些时间周期现象不是巧合，那么市场中存在着一定的时间周期规律吗？行情演变会按照一定的规律重复出现吗？能找到下一个高点将会出现在哪里吗？

答案是肯定的。仅从图上来看，还看不出某个品种每个时间周期之间有任何的联系，当系统了解了波浪时空体系之后，以上问题都将得到解答。

第2章
对称波浪理论

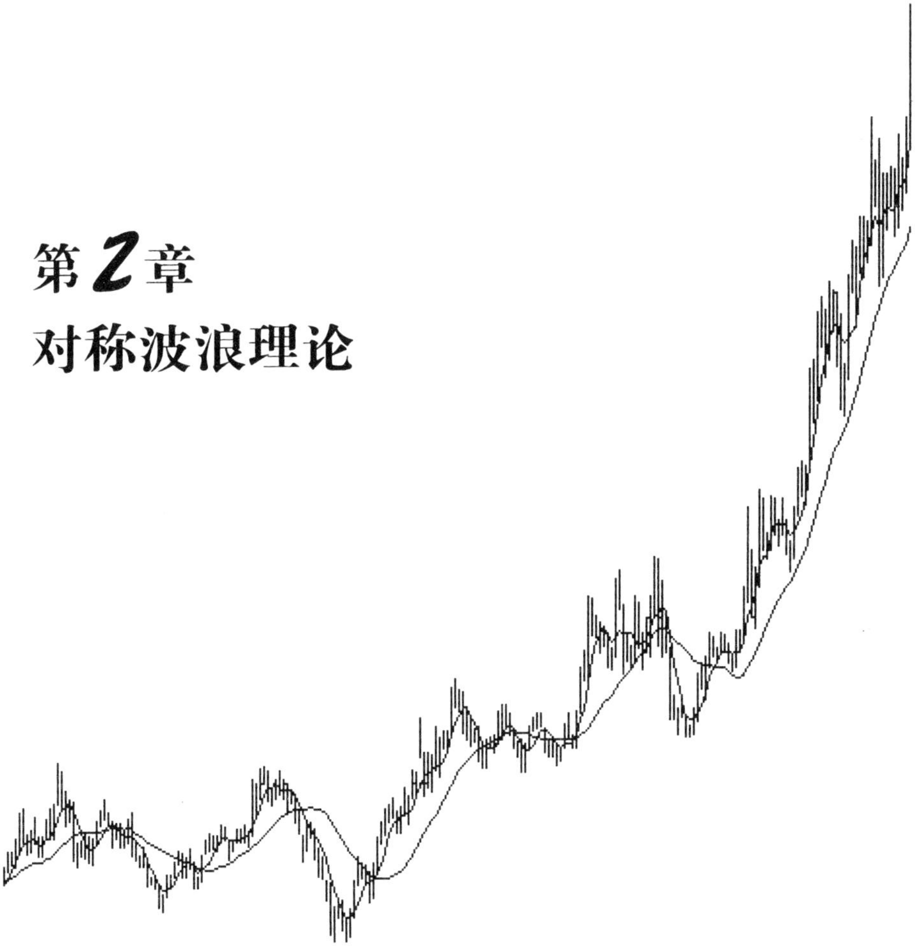

一、艾略特波浪理论存在的问题

1934年，美国证券分析家拉尔夫·纳尔逊·艾略特(Ralph Nelson Elliott)根据对道琼斯工业指数的长期观察，提出了波浪理论，后来称之为艾略特波浪理论。

在艾略特波浪理论中，一个完整的股市涨跌周期由五升三跌八浪组成，即五个上升浪和三个下跌浪，如图2-1。五升三跌为一个基本单元，每一浪中还存在着浪中浪，即大浪中有中浪，中浪中有小浪，小浪中还有微小浪。当然，大浪以上还有超大浪。在股市K线图中，小到分钟线，大到月线、季线，都可以用波浪理论来分析。

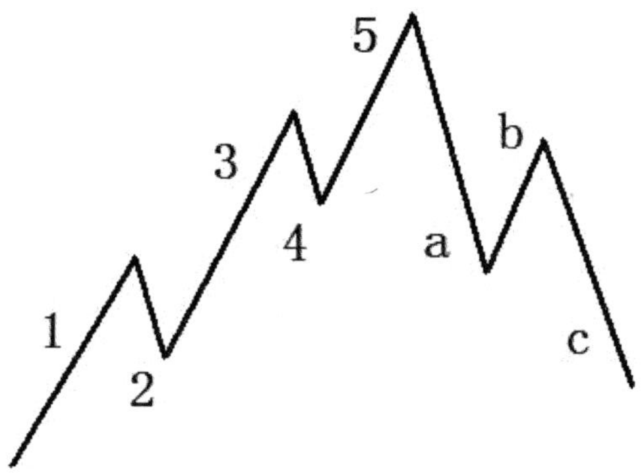

图2-1 艾略特五升三跌八浪波浪形态，其中存在着什么问题呢

投资者使用艾略特波浪理论对股市K线图进行分析时，常常遇到很多难以解释的问题。比如有时候上升浪看起来既像五个上

升浪，又像三个上升浪；下跌浪有时候既像三个下跌浪，又像五个下跌浪。这种情况下，不知道到底该如何划分，甚至会出现“一人一种数浪法”、“千人千浪”的尴尬局面。

下面举两个简单的例子。

按照艾略特波浪理论，有时明明还应该有第5浪上升浪，但是实际上第5浪并未出现，而是在3浪结束之后，就开始了大级别调整。如图2-2，深证综指（SZ399006）月K线图。从2008年11月开始的一段上升行情中，并未出现预期中的第5浪。

图2-2 深证综指月K线图，并未出现预期中的第5浪

同样，在下跌过程中，按照艾略特波浪理论，明明应该有a-b-c共3个下跌浪，但是经常看到有些下跌浪只有一个急速的、陡峭的a浪下跌，之后就开始重拾升势，再也看不到c浪下跌出现。

如图2-3，美国道琼斯工业指数季K线图。从2007年10月至2009年3月，经过一波快速大跌之后，又重拾升势，并未出现预期中的c浪下跌。

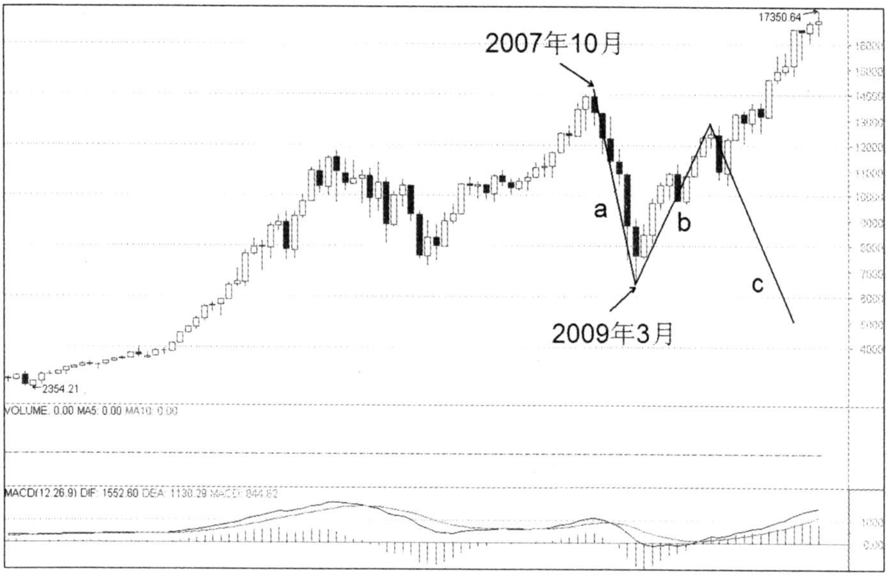

图2-3 美国道琼斯工业指数季K线图，并未出现预期中的c浪下跌

艾略特早期也发现，在运用其理论进行市场行情分析时，的确存在许多令人无法解释的矛盾，但是他并没有从理论的可靠性上寻找原因，而是不断通过对其理论强行加入各种解释，以弥补理论本身存在的错误。这些强行加入的解释，到头来只能造成更多的混乱，如失败浪和延长浪。

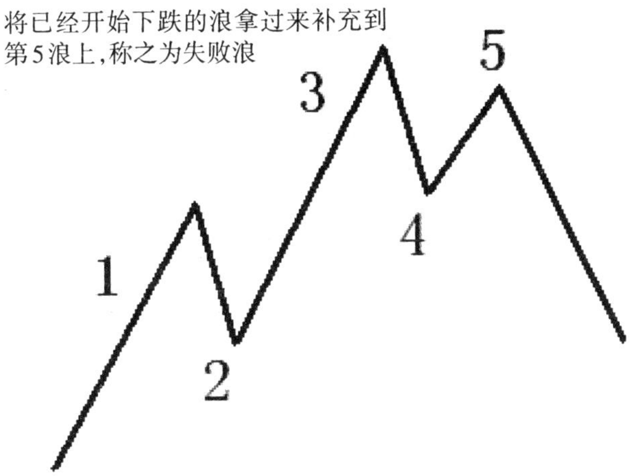

图2-4 艾略特波浪理论中的失败浪

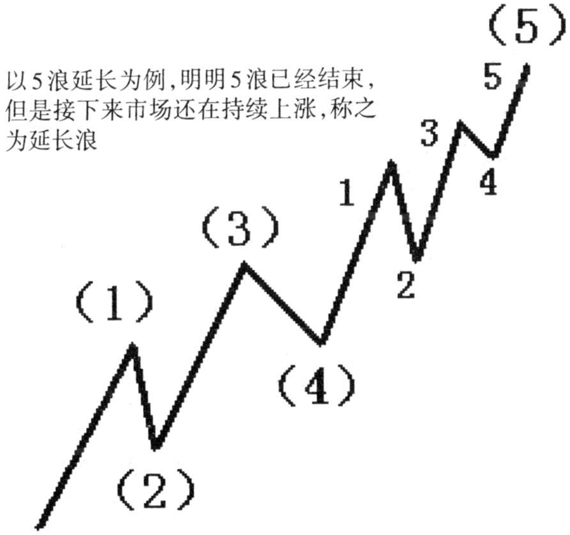

图2-5 艾略特波浪理论中的延长浪

所谓失败浪，就是当艾略特在进行市场行情分析时，经常会找不到第5浪的存在，这个时候就将已经开始下跌的浪拿过来，补充到第5浪上，认为这是第5浪的失败浪，如图2-4。

所谓延长浪，就是当艾略特发现5浪明明已经结束，但是接下来市场行情还在持续上涨，等上涨行情结束后，将上升行情中的1、3、5浪中的某一浪命名为延长浪，这样一共出现了9浪，如图2-5。

艾略特认为，“虽然有时候无法判断延长浪究竟是哪一浪的延长，但9浪和5浪在本质上是相同的”。这里存在着明显的矛盾之处。如果延长浪确实存在，那么无论是哪一浪的延长浪，都应该是次一级浪，即原1、3、5浪中某一上升浪的子浪，怎么能和其他原4浪合称为9浪？父亲和儿子辈份岂能一致？

笔者在对比波浪理论各种形态的可能性时，还发现艾略特波浪理论本身存在着逻辑错误。

在艾略特波浪理论中，五升三跌八浪为一个基本单元（即1-2-3-4-5五个主升浪和a-b-c三个调整浪），大浪中包含着中浪，中浪中包含着小浪，小浪中包含着微小浪，当然大浪以上还有超大浪，以此无限循环。

当我们在对某一完整的五升三跌浪划分子浪时，该浪中的1、2浪可以看作是一个子浪的五升三跌浪，该浪中的3、4浪也可以看作是一个子浪的五升三跌浪。但是该浪中的第5浪只能划分为子浪的五升浪，没有子浪的三跌浪出现。

也就是说，在艾略特波浪理论中，第5浪中并没有包含一个次级的a-b-c调整浪，只有光秃秃的次级的1-2-3-4-5上升浪。这与五升三跌的基本单元产生了直接的逻辑冲突，从而导致艾略特波浪理论无法自圆其说。

仅从这一点来看，无论波浪理论是五升三跌、五升五跌还是三升三跌，都存在着逻辑错误的问题。

既然艾略特波浪理论存在诸多问题，那么波浪理论的本质形态究竟是什么呢？

二、对称波浪理论

（一）对称波浪理论基本概念

笔者在将波浪理论与时间周期相互推演，相互验证，相互完善的过程中，立足于逻辑推理，逐渐提炼出了波浪理论的本质形态，即三升三跌三升九浪对称波浪理论。

对称波浪理论以123-abc-789三升三跌三升九浪为基本单元，陡直型调整浪和平台型调整浪在相邻级别间交替出现，并以调整浪为中心，呈前后对称的无限循环波浪形态。其中123浪和789浪为主趋势浪，abc浪为调整浪。

为什么说三升三跌三升九浪对称波浪理论，才是波浪理论的本质形态？因为只有在对称波浪理论的九浪形态划分下，等倍时间周期才会出现无限交替循环，同时这也证明了对称波浪理论的正确性。等倍时间周期将在下一章中讲解。

一般情况下，在不加任何说明时，123 和 789 主趋势浪均指上升浪。只有将调整浪单独拿出来以九浪形态进行研究时，才指下跌浪。

从对称波浪理论的定义中可以看到，123-abc-789 九浪应该有两种形态，一种是abc 浪为平台型调整浪形态，一种是abc 浪为陡直型调整浪形态。

当abc 浪为平台型调整浪时，则2 浪和8 浪均为陡直型调整浪，123-abc-789 九浪形态如图2-6。

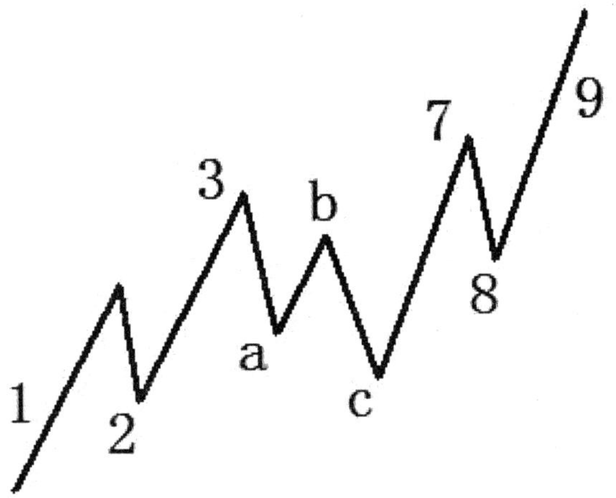

图2-6 当abc浪为平台型调整浪时，2浪和8浪均为陡直型调整浪

当abc 浪为陡直型调整浪时，则2 浪和8 浪均为平台型调整浪，123-abc-789 九浪形态如图2-7。

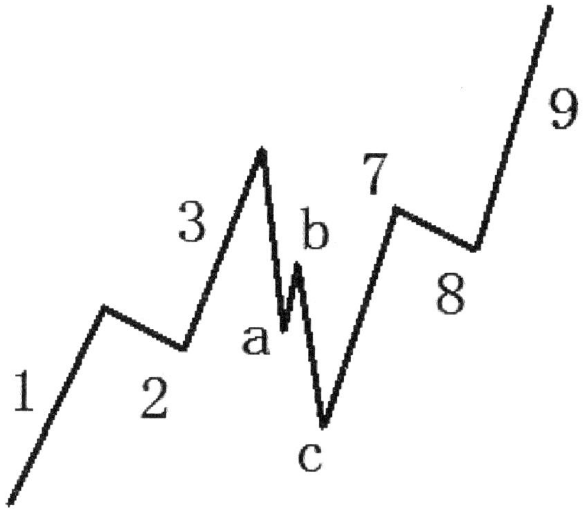

图2-7 当abc浪为陡直型调整浪时，2浪和8浪均为平台型调整浪

图2-6和图2-7分别呈现出来的形态，为对称波浪理论的两种基本形态。

（二）对称波浪理论的四个基本要素

对称波浪理论定义包含了以下四个基本要素。

要素1：以123-abc-789三升三跌三升九浪为基本单元。

为什么以三升三跌三升九浪为基本单元，而不是以一升一跌一升三浪为基本单元？

其一是因为九浪也是等倍时间周期中的最小分析单元，九浪中特定的浪与浪之间存在着特定的时间周期交替循环关系。

其二是因为三浪之中只能包含一种调整浪，对称波浪理论应该是陡直型调整浪和平台型调整浪在相邻级别间交替出现，因此基本单元中应该同时包含两种类型的调整浪，并直观地体现出中心对称性，这样的话最少也需要九浪。

对称波浪理论三升三跌三升九浪中，各浪分别命名为123-abc-789浪，其中123浪、789浪为上升浪，abc浪为调整浪。再进一步细分的话，1、3、7、9浪为上升浪，2、abc、8浪为调整浪。

关于123-abc-789九浪这一命名，为什么要用abc浪来代替中间的456浪，而不是命名为123-456-789浪？

笔者就这一问题作如下解释。

一是为了向艾略特波浪理论致敬，所以这里仍然沿用了艾略特波浪理论中用abc浪表示调整浪的命名习惯。

二是若全部使用数字，看起来容易混乱，不利于分析。

三是用数字表示上升浪，用英文字母表示调整浪，可以直观地显示其中心对称性。

四是上升浪和调整浪的根本属性有很大不同，上升浪的根本属性是循环性，调整浪的根本属性是对称性，应该分开表示。

在数字中，1表示开始，9表示终结，这和九浪特征完美符合。

如果把1浪的起点看作是原点0，把abc还原为数字456的话，那么刚好是0-9十个数字。由此可见，大自然中真正的规律，的确存在着神奇的重合和统一。

要素2：陡直型调整浪和平台型调整浪在相邻级别间交替出现。

如果abc浪是平台型调整浪，那么2浪和8浪一定都是陡直型调整浪。如果abc浪是陡直型调整浪，那么2浪和8浪一定都是平台型调整浪。

关于陡直型调整浪和平台型调整浪这两个调整浪的命名，一般情况下，陡直型调整浪看起来确实是陡直的，平台型调整浪看起来也确实是平缓的，但并不是说所有的陡直型调整浪和平台型调整浪都这样。

有些时候，陡直型调整浪只是比平台型调整浪更加陡峭了那么一点点，平台型调整浪也只是比陡直型调整浪更加平缓了那么一点点。为了明显区分两种调整浪的形态，表达两种调整浪的各自特点，分别采用陡直型调整浪和平台型调整浪来命名。

要素3：以调整浪为中心呈前后对称。

在一个完整的123-abc-789九浪中，以abc调整浪为中心，123浪和789浪呈前后对称。这里的对称指的是，abc调整浪的前后一定都是完整的123浪和789浪，并且2浪和8浪的形态一定是一致的。

也就是说，如果abc浪是平台型调整浪，那么2浪和8浪一定都是陡直型调整浪；如果abc浪是陡直型调整浪，那么2浪和8浪一定都是平台型调整浪。调整浪的中心对称性和相邻级别间的交替性是分不开的。

要素4：无限循环。

在一个完整的123-abc-789九浪中，123浪和789浪都可以细分为一个完整的123-abc-789次一级浪；一个完整的123-abc-789九浪，也可以看作是高一级浪的123浪或者789浪，以此无限循环。

一般情况下，在进行波浪形态分析时，上升浪可以无限细分，因其根本属性是循环性。而调整浪通常作为一个整体，不再进行过多细分，因其根本属性是对称性，不是循环性。

如果需要分析调整浪，同样可以将调整浪单独作为一个完整的123-abc-789九浪来分析，只不过各浪的方向和主趋势浪方向是相反的。

另外，在逻辑关系方面，对称波浪理论的123-abc-789三升三跌三升九浪形态，是完全符合无限循环形态的逻辑关系的。前文已经讲到，艾略特波浪理论的五升三跌八浪波浪形态不符合逻辑关系，就算是五升五跌形态或者三升三跌形态，也同样不符合，因为它们全部都面临着最后一波上升浪不包含次级abc调整浪因而无法再细分的逻辑错误。

当对称波浪理论的两种基本形态合在一起时，就成了以下两种形态（其中大ABC调整浪不再细分），如图2-8、图2-9。当需要在同一幅图中同时表达两个相邻级别的九浪形态时，可以用罗马数字和大写英文字母（即I II III-ABC-VII VIII IX九浪）来表示123-abc-789九浪的高一级浪。

在图2-8、图2-9这两幅图中，可以清晰地看到对称波浪理论调整浪相邻级别间的交替性，以及以调整浪为中心的前后对称性和无限循环性。

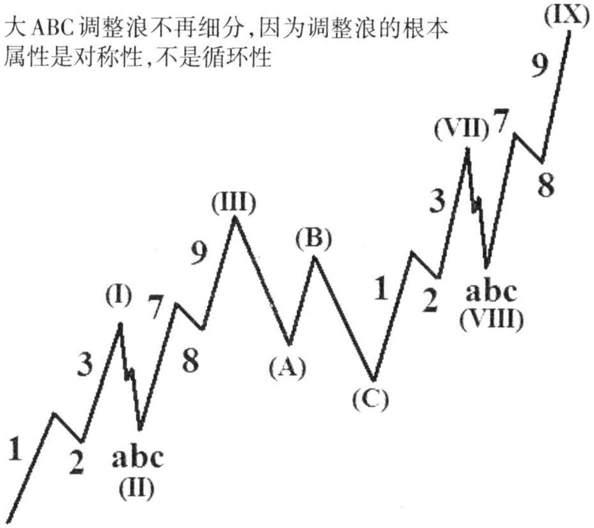

图2-8 以平台型调整浪为中心的两种基本形态合成图

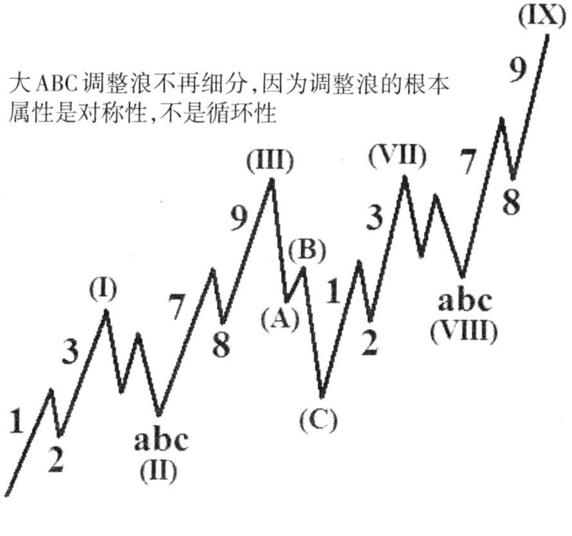

图2-9 以陡直型调整浪为中心的两种基本形态合成图

（三）对称波浪理论的各浪级别大小

各浪之间的级别大小描述如下。

1、2、3、a、b、c、7、8、9九浪，无论幅度大小，时间长短，均为同一级别。123-abc-789浪比123浪和789浪高一级别，或者说123浪和789浪比123-abc-789浪次一级别。同样，123浪比1浪和3浪高一级别，789浪比7浪和9浪高一级别，或者说1浪和3浪比123浪次一级别，7浪和9浪比789浪次一级别。abc浪比2浪和8浪高一级别，或者说2浪和8浪比abc浪次一级别。

就调整浪而言，高一级别调整浪在调整幅度（即调整的百分比）和调整时间两个方面，至少要有一个方面超过次一级调整浪。

另外，等倍时间周期在帮助确定各浪级别大小时将发挥重要作用，并且调整浪的级别判断对后市的行情判断也具有极为重要的作用。

除非需要在同一幅图中同时表达两个相邻级别的波浪形态，一般不使用罗马数字和大写英文字母（即I II III-ABC-VII VIII IX九浪）来区分级别大小，而是采用以下这种级别大小表达方法。因为在等倍时间周期里，以下这种表达级别大小的方法，具有无法比拟的优势。

在一个完整的123-abc-789九浪循环中，123浪和789浪都可以细分为一个完整的123-abc-789次一级浪，1、3、7、9浪也都可以分别再细分为一个完整的123-abc-789次二级九浪。为了方便分析，我们将1、3、7、9浪的123-abc-789次二级九浪分别标记为1（123-abc-789）、3（123-abc-789）、7（123-abc-789）、9（123-abc-789）浪。

当把1浪细分为一个完整的123-abc-789次二级九浪时，1（1）浪可以标记为该次二级九浪的1浪，1（2）浪可以标记为该次二级九浪的2浪，1（123）浪可以标记为该次二级九浪的123浪，1（abc）浪可以标记为该次二级九浪的abc浪，其他类似。

当需要单独研究调整浪时，如果有必要，2、a、b、c、8浪也都可以再细分为一个完整的123-abc-789次二级九浪，分别标记为2（123-abc-789）、a（123-abc-789）、b（123-abc-789）、c（123-abc-789）、8（123-abc-789）浪。其中2（789）标记为2浪的次二级九浪的789浪，2（9）标记为2浪的次二级九浪的9浪，其他类似。

当需要表达将1浪细分为一个完整的123-abc-789次二级九浪时，如无需特别说明级别，可以简单地表达为将1浪细分为一个完整的123-abc-789九浪，其他类似。

按照对称波浪理论，可以将上证指数（SH000001）的季K线图划出大级别行情的趋势，如图2-10，目前即将展开9（789）浪牛市。9（789）浪牛市中间将会以一波陡直型的调整浪即9（8）浪来连接。

根据A股市场自身属性，大牛市通常起步于10倍左右的整体市盈率，终止于60倍左右的整体市盈率。按照A股大牛市顶点习惯性的60倍整体市盈率来计算，上证指数9（9）浪牛市顶点将达到12000点。根据下一章将要讲到的等倍时间周期，9（9）浪见大顶的时间很可能会在2020年3月。

当9（789）浪牛市结束后，将会出现比2001年6月至2005年6月的abc平台型调整浪高一级别的陡直型调整浪，即新的陡直型大熊市。

图中划线只表示波浪形态，不表示行情高低。

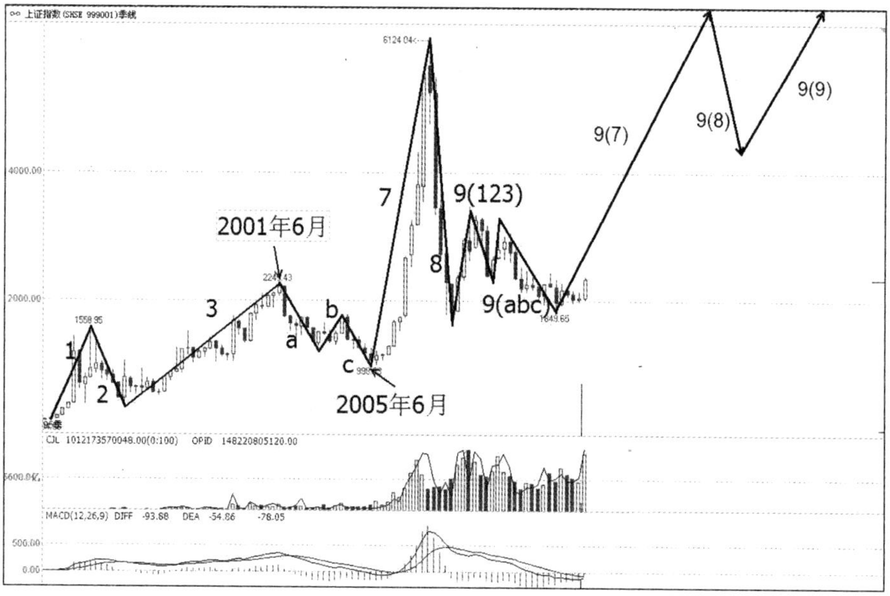

图2-10 按照对称波浪理论将上证指数季K线图划分九浪形态

中国证监会2014年4月10日正式批复开展沪港通互联互通试点，并且要正式推出沪港通，内地投资者可以直接投资香港股市，同时香港投资者也可以直接投资内地股市。笔者将香港恒生指数从1975年以来的季K线形态划分出对称波浪形态，帮助投资者从宏观上了解香港恒生指数的历史走势及发展方向。

恒生指数曾经从1973年3月的1774.96点，跌至1974年12月的150.11点，跌幅高达91.5%，因此1974年12月以前的行情可以忽略，直接从1975年1月开始分析。这是因为很难想象近几十年恒生指数会再次出现如此巨大的跌幅。

如图2-11，从恒生指数1975年1月以来的季K线图可以看到，1975年1月至今，恒生指数形成的最大级别的调整，是2000年3月至2003年4月的平台型abc调整浪。2007年11月至2008年10月形成的陡直型调整浪为8浪。

从图中可以看出，目前恒生指数正处于9浪牛市的震荡上升过程中。

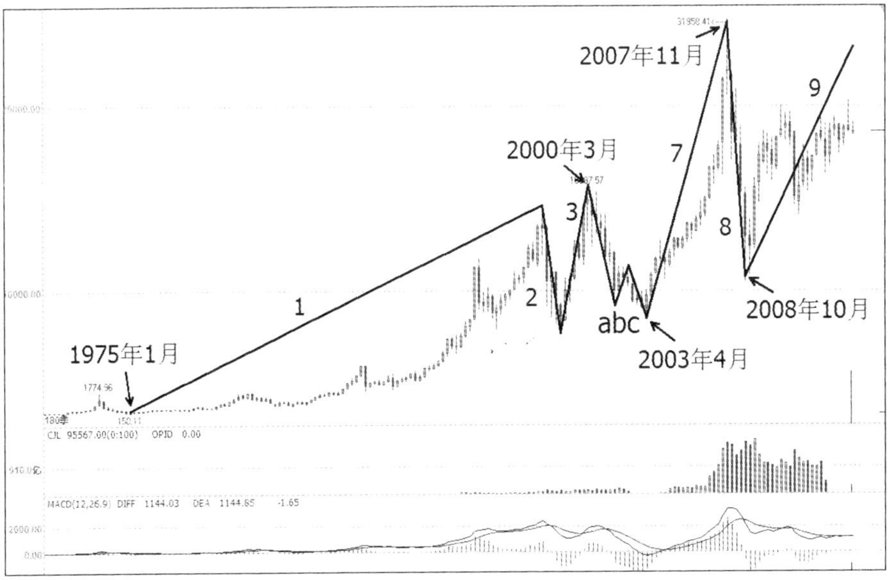

图2-11 按照对称波浪理论将恒生指数季K线图划分九浪形态

我们注意到，在图2-10、图2-11中，仅从图中各浪划分来看，好像8浪要比abc浪级别高，这是由于行情软件的普通坐标系是根据价格来显示行情高低的，如果换成按比例来显示行情高低的对数坐标系时，级别大小就会清晰很多。

当调整浪的级别大小实在难以区分，等倍时间周期现象又不明显时，就要对其中的次一级调整浪甚至次二级调整浪的形态进行反复对比。按照对称波浪理论调整浪相邻级别间的交替性和中心对称性为原则，逐步确定各个调整浪的级别大小。只有确定了调整浪的级别大小，才能对未来行情发展作出准确的判断。

实际上，无论在A股市场还是在港股市场，并不是所有股票的波浪形态和调整浪级别大小都与股市指数相一致。股市指数只是很多只股票合成后的形态，代表了其中权重较大的一部分股票的共同形态。

美国道琼斯工业指数作为全球股市情况和经济情况的一个重要参照系，这里也对其未来的波浪形态发展进行分析，如图2-12。从图中可以看到，近几十年来，美国道琼斯工业指数形成的最大级别的调整，是2007年10月至2009年3月的陡直型abc调整浪，而2浪是比abc陡直型调整浪次一级别的平台型调整浪。

目前，美国道琼斯工业指数正处于789浪牛市行情的上升过程中。789浪中间将会以一波平台型调整浪即8浪来连接，8浪和2浪一样，也是比abc陡直型调整浪次一级别的平台型调整浪。当789浪全部结束后，将会出现一波比abc陡直型调整浪高一级别的更大的平台型调整浪。

因此，美国道琼斯工业指数在未来很长一段时间内，都不会再出现类似于2007年10月至2009年3月的陡直型暴跌，如果发生调整行情，也都是以平台震荡为主。所以说，在美国股市中，目前来看，价值投资及长期持有仍然是最佳选择。

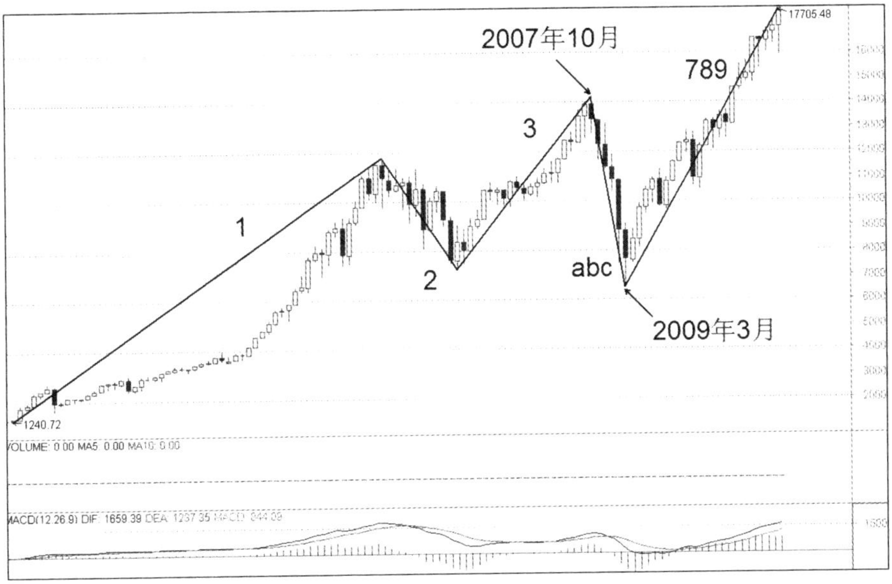

图2-12 按照对称波浪理论将美国道琼斯工业指数季K线图划分九浪形态

(四) 对称波浪理论的几种变化形态

1. 长升浪和短升浪。长升浪是指上升幅度较大的一种波浪形态，短升浪是指上升幅度较小的一种波浪形态。

在对调整浪行情进行单独研究时，也可以将下跌幅度较大的一种波浪形态称为长跌浪，将下跌幅度较小的一种波浪形态称为短跌浪。

长升浪和短升浪只是相对而言的，下面以长升浪为例进行分析。

按照上升浪的上升幅度大小及上升时间长短，1、3、7、9四个上升浪中某一浪或几浪，往往呈现出长升浪形态。

第一，当abc浪为平台型调整浪时，有四种形态，分别为1浪长升浪形态、3浪长升浪形态、7浪长升浪形态和9浪长升浪形态。如图2-13、图2-14、图2-15、图2-16。

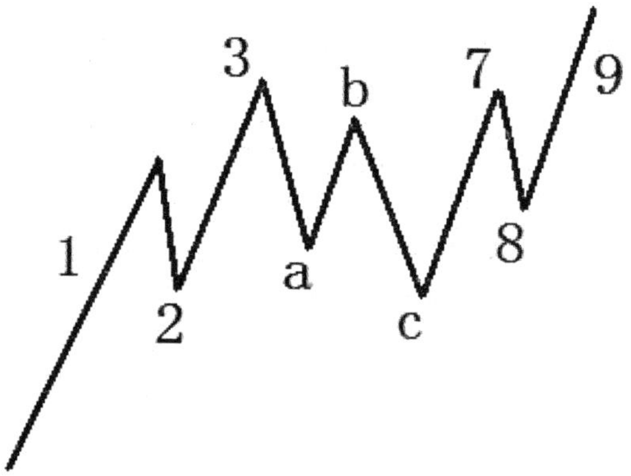

图2-13 abc浪为平台型调整浪且1浪为长升浪形态

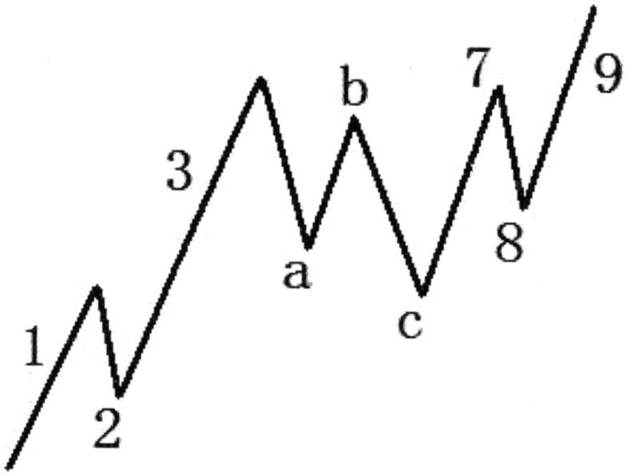

图2-14 abc浪为平台型调整浪且3浪为长升浪形态

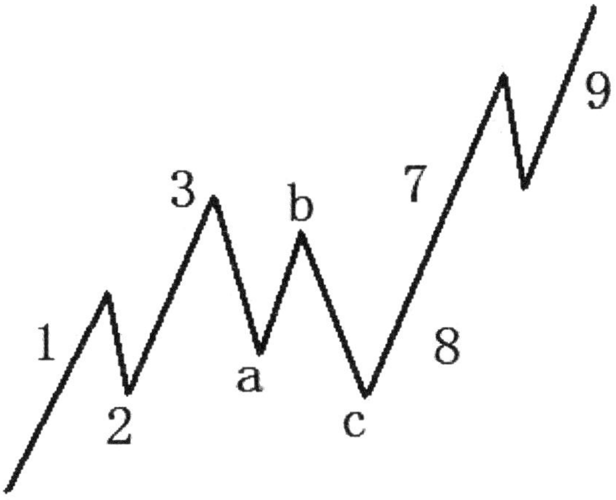

图2-15 abc浪为平台型调整浪且7浪为长升浪形态

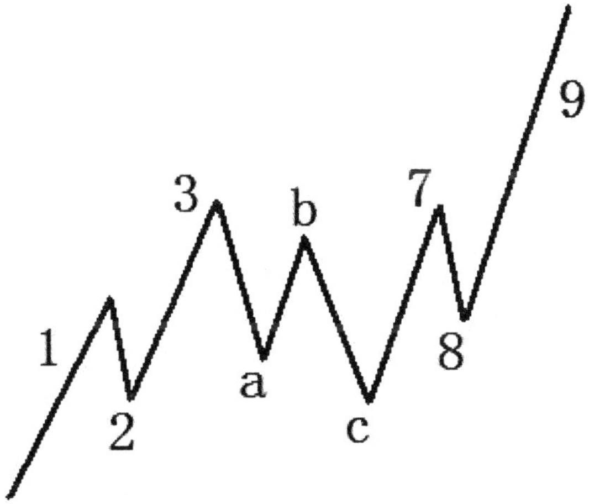

图2-16 abc浪为平台型调整浪且9浪为长升浪形态

第二，当abc浪为陡直型调整浪时，也有4种形态，分别为1浪长升浪形态、3浪长升浪形态、7浪长升浪形态和9浪长升浪形态。如图2-17、图2-18、图2-19、图2-20。

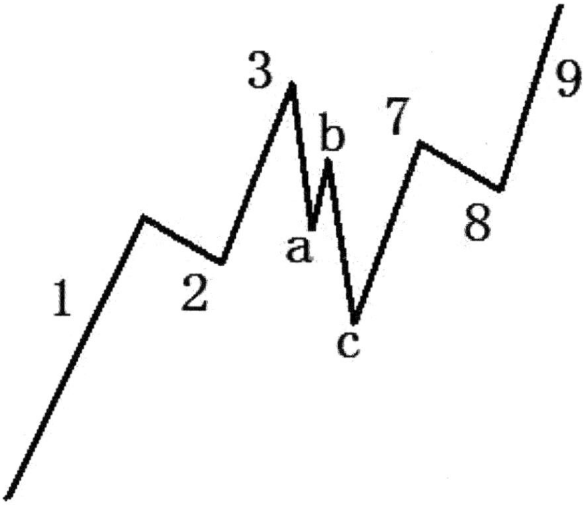

图2-17 abc浪为陡直型调整浪且1浪为长升浪形态

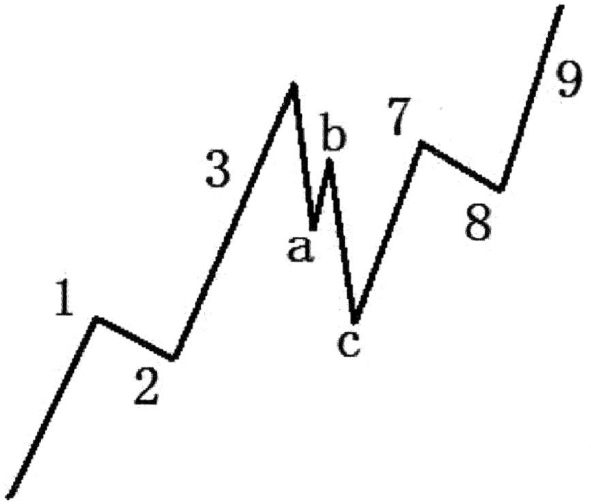

图2-18 abc浪为陡直型调整浪且3浪为长升浪形态

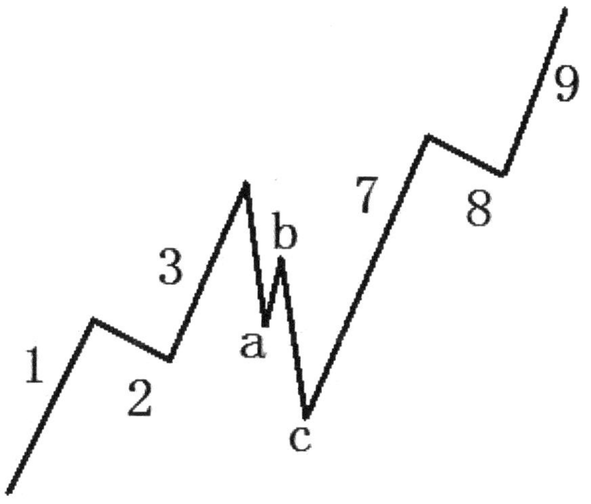

图2-19 abc浪为陡直型调整浪且7浪为长升浪形态

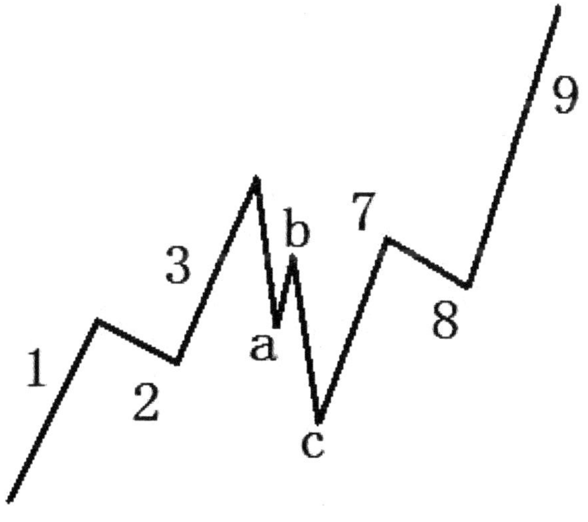

图2-20 abc浪为陡直型调整浪且9浪为长升浪形态

实际上，对7浪和9浪形态特征的判断最为重要，因为在一个完整的123-abc-789九浪中，总是要确定了123浪之后，才能确定789浪的形态。当然，这并不是说123浪无法确定，我们一样可以把123浪看作一个完整的次一级123-abc-789九浪来分析，以此类推。

很多时候，1、3、7、9四个上升浪中，同时有2个甚至更多长升浪形态，这里不作过多的分析研究，因为当我们搞清楚了以上8种单个长升浪形态之后，多个长升浪形态也就迎刃而解了。

以上8种形态在市场中均有可能出现，有的出现概率较高，有的出现概率较低，要看具体情况而定。

通常情况下，长升浪形态较多出现于平台型调整浪之后，短升浪形态较多出现于陡直型调整浪之后。

如果单纯对789浪进行长升浪和短升浪形态分析的话，abc浪为平台型调整浪且7浪为长升浪形态，和abc浪为陡直型调整浪且9浪为长升浪形态，这两种情况最为常见。因此，同等条件下，我们应当优先介入一些刚刚完成平台型调整的股票，其次才考虑介入一些刚刚完成陡直型调整的股票。

之所以长升浪较多出现于平台型调整浪之后，短升浪较多出现于陡直型调整浪之后，是因为平台型调整浪一般不会破坏MACD指标和均线系统，经过平台型调整之后，市场积蓄了更多的上升动能，更容易发动较大规模的上升行情。

而陡直型调整浪往往会破坏掉MACD指标和均线系统，需要一定时间的反复震荡，重新修复指标，待上升形态修复后，更有可能发动大级别上升行情。

这里需要说明的是，证券投资理论中常说的上升动能，一般是指推动股价上升的内在力量，与物理学中的动能不是同一个意思。

在深证成指（SZ399001）月K线图中，如图2-21。当深证成指经过abc平台型调整浪长时间的调整后，立即发动了7浪长升浪行情。经过8浪陡直型下跌之后，接着先是出现了一个9（123）浪短升浪，然后又出现了一个9（abc）平台型调整浪，以对上升形态进行修复。目前即将展开9（789）浪长升浪牛市。

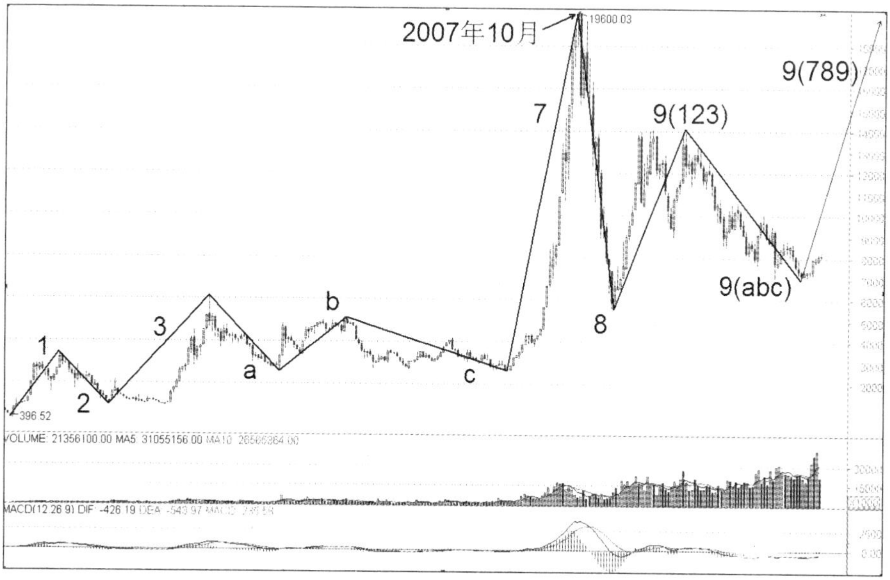

图2-21 深证成指月K线图，目前即将展开9(789)浪长升浪牛市

与深证成指相似，在图2-10上证指数季K线图中可以看到，该图中7浪为长升浪，9（123）浪为短升浪，9（789）浪将为长升浪。

2. N型浪和连续浪。很多时候，若123浪和789浪中一方为N型浪时，则另一方往往为连续浪。

N型浪即行情中间的调整浪比较明显，调整幅度较大或调整时间较长，行情看起来像“N”字形态。

连续浪即行情中间的调整浪不明显，调整幅度较小且调整时间较短，行情看起来像连续形态。

当123浪为N型浪时，2浪的调整很明显，789浪常以连续浪出现，此时8浪的调整不明显。同样，当123浪为连续浪时，2浪的调整不明显，789浪常以N型浪出现，此时8浪的调整明显。

在这一条件下，对称波浪理论的两种基本形态还可以呈现出以下四种形态。分别如图2-22、图2-23、图2-24、图2-25。

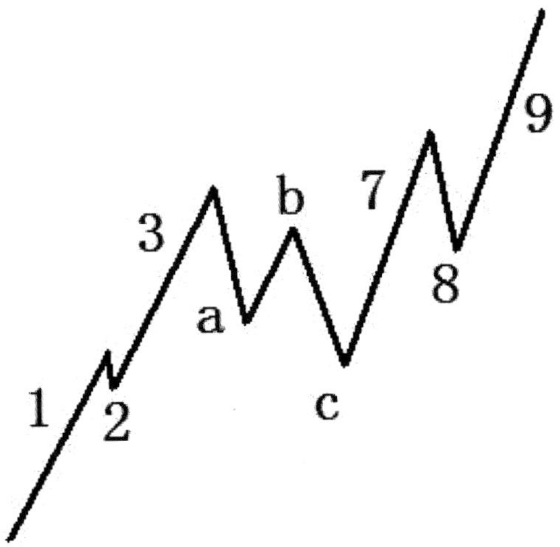

图2-22 abc浪为平台型调整浪且123浪为连续浪形态

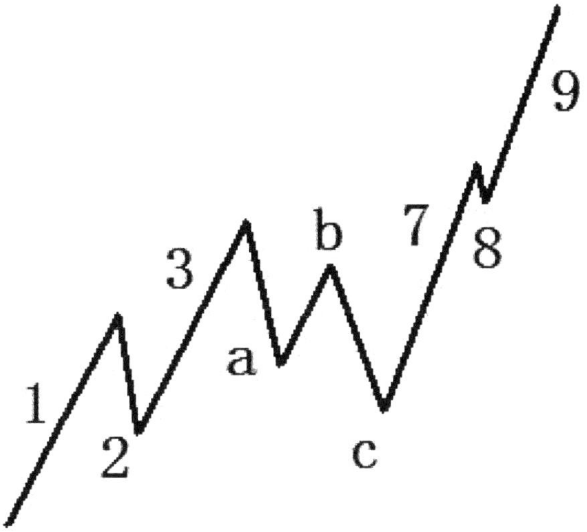

图2-23 abc浪为平台型调整浪且789浪为连续浪形态

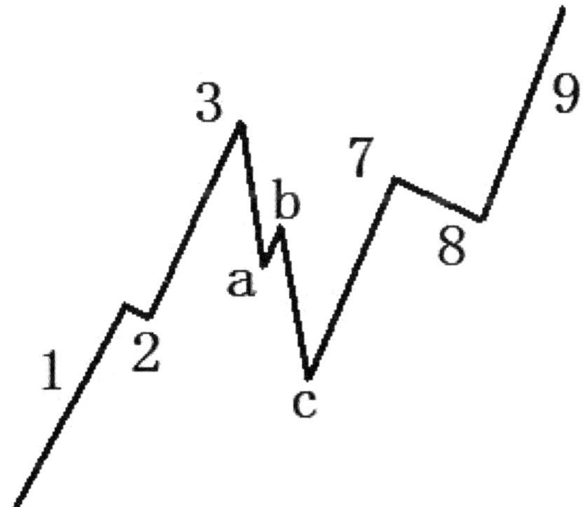

图2-24 abc浪为陡直型调整浪且123浪为连续浪形态

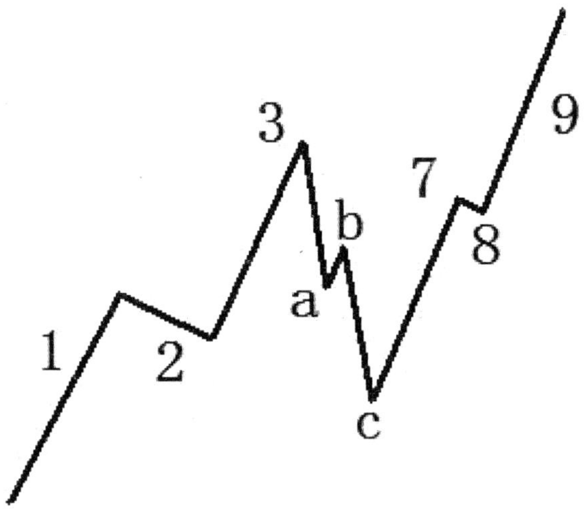

图2-25 abc浪为陡直型调整浪且789浪为连续浪形态

在图2-10上证指数季K线图中可以看到，该图中的7浪为连续浪，9浪将以N型浪形态出现。在图2-11恒生指数季K线图中可以看到，该图中的7浪为连续浪，9浪将以N型浪形态出现。

在中小板指（SZ399005）周K线图中，如图2-26，从2008年10月开始的一段上升行情中，123浪为N型浪，789浪为连续浪。

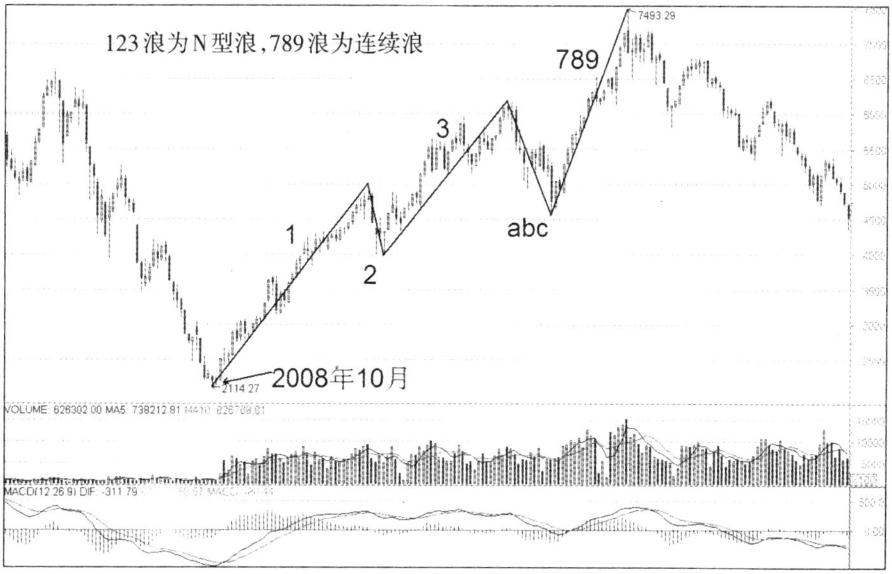

图2-26 中小板指周K线图

在山东黄金（600547）周K线图中，如图2-27，从2008年9月开始的一段上升行情中，123浪为N型浪，789浪为连续浪。

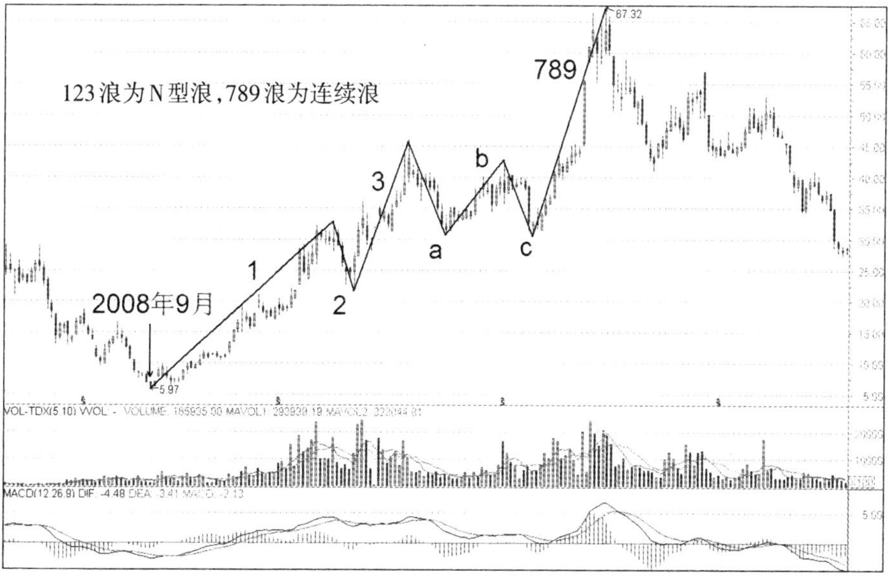

图2-27 山东黄金周K线图

那么艾略特波浪理论中的五升浪又是怎样表现出来的呢？即当123浪和789浪中一方为N型浪，另一方为连续浪，且N型浪形态中的3浪或者7浪为长升浪，这个时候表现出来的形态，即是艾略特波浪理论中的五升浪形态。因此艾略特波浪理论中的五升浪形态，只是波浪理论本质形态的表象之一。

艾略特波浪理论是美国道琼斯工业指数牛长熊短的产物。在80多年前的历史条件下，绝大多数国家还没有股市，股票数量也不多，艾略特先生还没有足够的波浪形态素材用以研究，能提出五升三跌波浪形态，已经是很了不起的成就了。

3. 急升浪和缓升浪。很多时候，若123浪和789浪中一方为急升浪时，则另一方往往为缓升浪。

急升浪是指上升速度较急的一种波浪形态，缓升浪是指上升速度较缓的一种波浪形态。当我们对调整浪行情进行单独研究时，可以将下跌速度较急的一种波浪形态称之为急跌浪，将下跌速度较缓的一种波浪形态称之为缓跌浪。

当123浪为急升浪时，789浪往往表现为缓升浪形态。当123浪为缓升浪时，789浪往往表现为急升浪形态。这里所说的急升浪和缓升浪，是同一个品种在相互对比情况下出现的，不同市场、不同品种之间有着不同的属性，上升幅度也会不同，因此没有绝对的急和缓。

在这一条件下，对称波浪理论的两种基本形态还可以呈现出以下四种形态，如图2-28、图2-29、图2-30、图2-31。

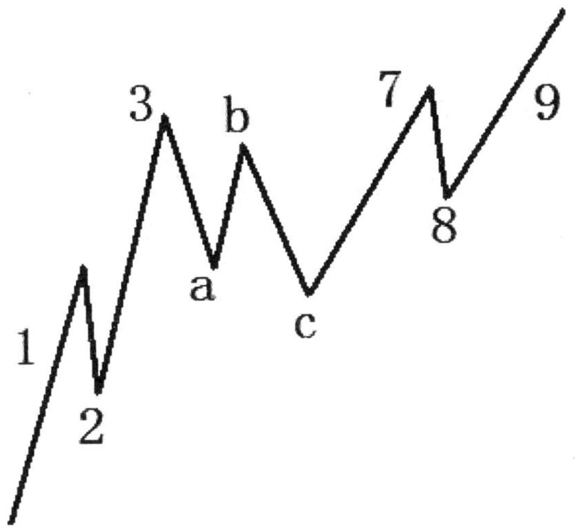

图2-28 abc浪为平台型调整浪且123浪为急升浪形态

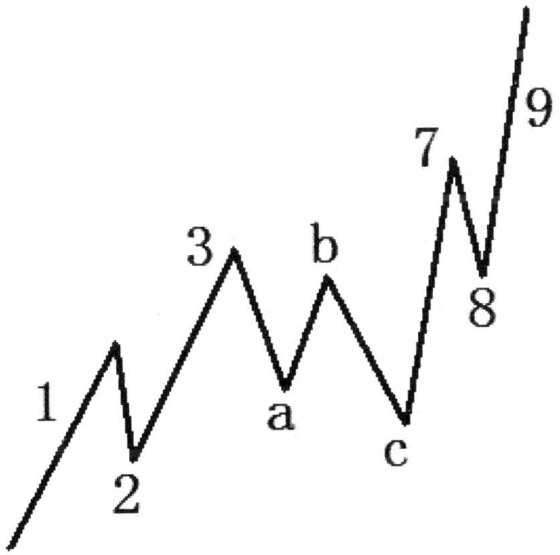

图2-29 abc浪为平台型调整浪且789浪为急升浪形态

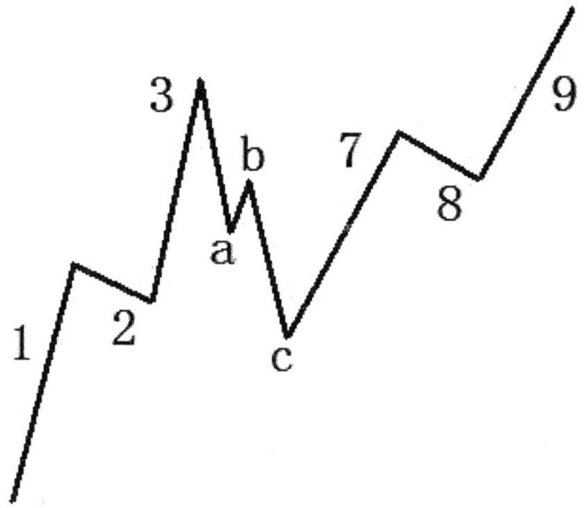

图2-30 abc浪为陡直型调整浪且123浪为急升浪形态

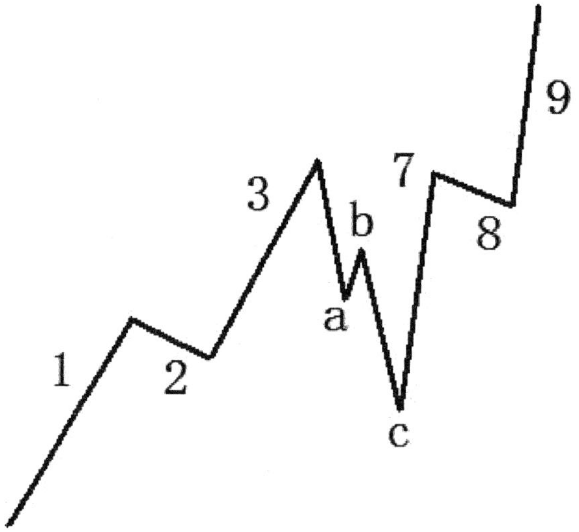

图2-31 abc浪为陡直型调整浪且789浪为急升浪形态

在图2-10上证指数季K线图中可以看到，该图中1浪为急升浪，3浪为缓升浪，7浪为急升浪，9浪将以缓升浪出现。在图2-11恒生指数季K线图中可以看到，该图中7浪为急升浪，9浪将以缓升浪出现。

在成飞集成（002190）周K线图中，如图2-32，从2008年10月开始的一段上升行情中，经过123浪长时间的缓慢上升（这个过程通常为中小盘股主力资金的吸筹行为）。之后出现abc调整浪的短暂调整，接下来立即展开一波789浪急升浪行情。这种案例一般只出现于前期上升时间长而缓慢，同时做多资金力量非常强势的品种当中。

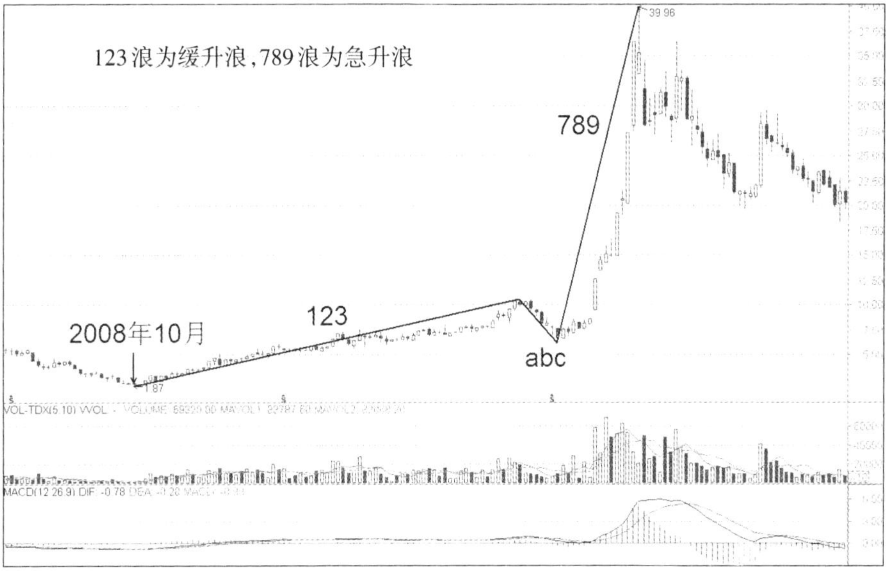

图2-32 成飞集成周K线图

与成飞集成缓升浪和急升浪形态相类似的情况，在横店东磁

（002056）和中钢天源（002057）两个品种中也曾出现过，如图2-33、图2-34。在这两幅图中，同样123浪为缓升浪，789浪为急升浪。稍稍有所不同的是，成飞集成的主力资金运作痕迹要比横店东磁和中钢天源更加明显。

图2-33 横店东磁周K线图

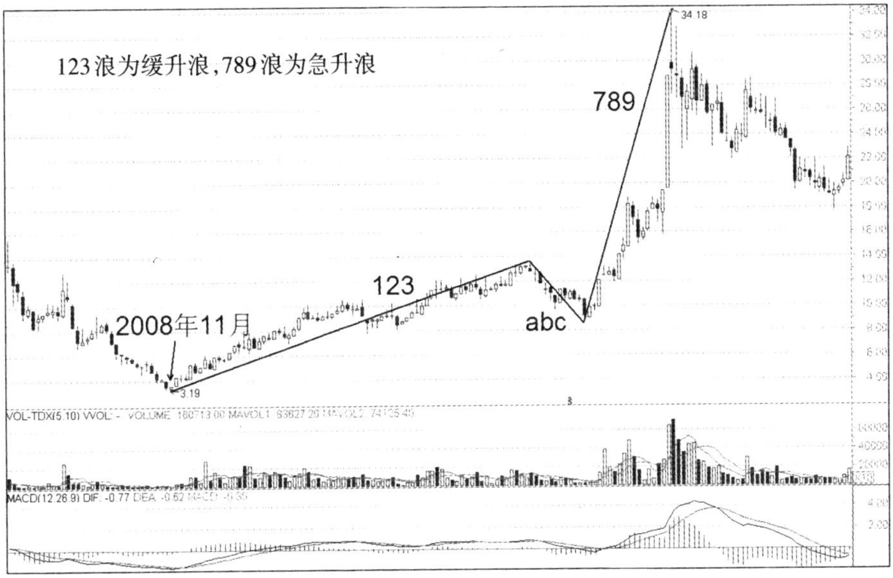

图2-34 中钢天源周K线图

缓升浪和急升浪相互交替出现的情况，在调整浪的中继过程中也经常发生。在恒邦股份（002237）日K线图中，如图2-35，从2011年12月至2012年10月的一段调整中继行情中，123浪为缓升浪，789浪为急升浪。789浪过后，又开始继续调整。

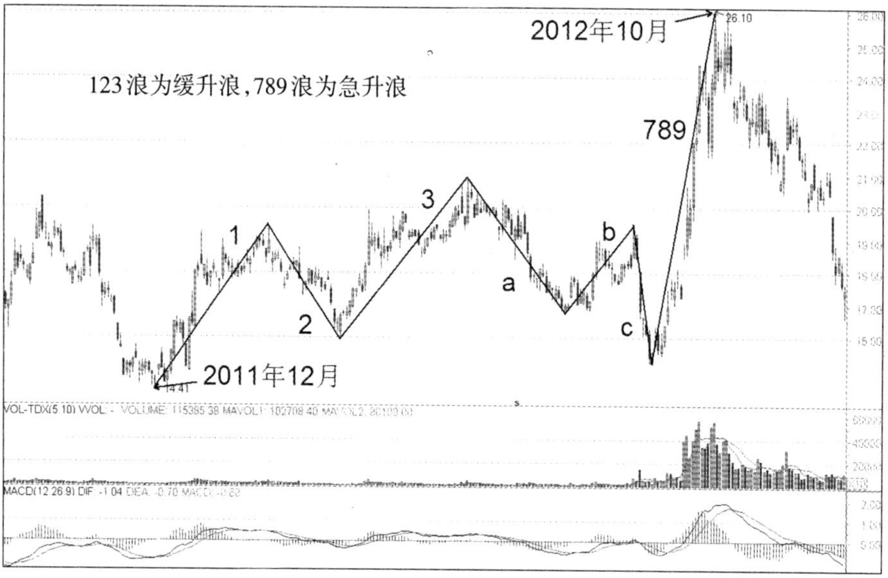

图2-35 恒邦股份日K线图

再从恒邦股份周K线图中，看一下图2-35中的123-abc-789九浪，在大级别平台型调整浪中所处的位置，如图2-36。

图2-36 恒邦股份周K线图

在对市场行情的判断过程中，应该对行情未来的发展形态有一定的预期。如果刚出现过一波123浪急升浪行情，那么可以预期接下来的789浪行情很可能是缓升浪行情。如果刚出现过一波123浪缓升浪行情，那么可以预期接下来的789浪行情很可能是急升浪行情。当然行情的大小，也跟有无主力资金运作有很大的关系。

（五）对称波浪理论的各浪高低特征

在对称波浪理论的两个基本形态中，一般情况下，c浪终点应高于1浪起点，9浪终点应高于3浪终点，b浪终点应低于3浪终点，c浪终点应低于a浪终点，如图2-37、图2-38。

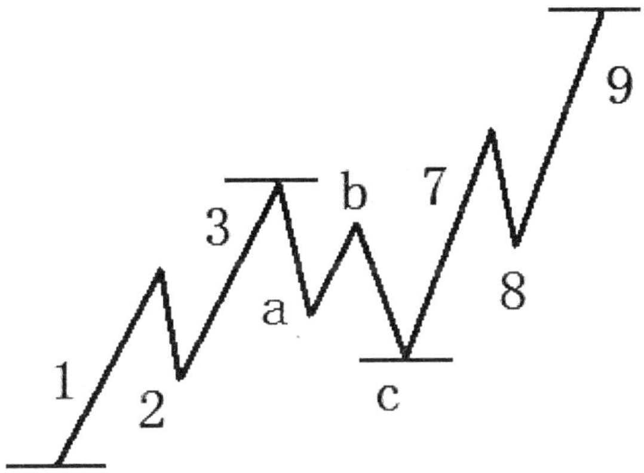

图2-37 对称波浪理论各浪高低特征

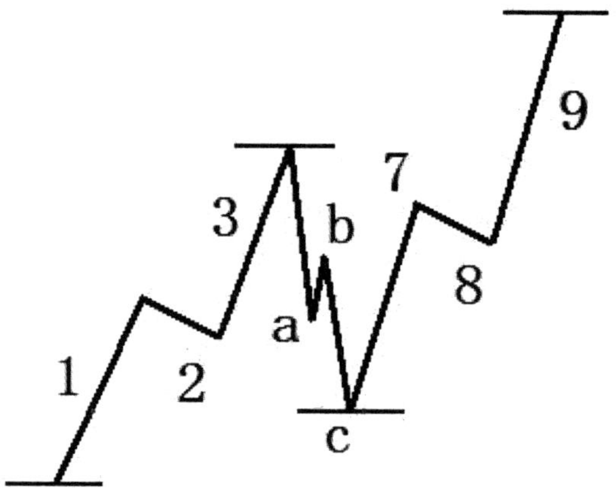

图2-38 对称波浪理论各浪高低特征

实际行情走势中，也经常会看到一些双顶或者双底现象，这种行情一般出现在行情即将发生反转的阶段。

当c浪和1浪出现双底现象时，c浪终点和1浪起点的高度几乎保持一致。

当c浪和a浪发生双底现象时，c浪终点和a浪终点的高度几乎保持一致。

当9浪和3浪出现双顶现象时，9浪终点和3浪终点的高度几乎保持一致。

当b浪和3浪出现双顶现象时，b浪终点和3浪终点的高度几乎保持一致。

在双顶或者双底现象中，要利用对称波浪理论的形态特征以及等倍时间周期，来判断哪一个才是真正的波浪顶，哪一个才是真正的波浪底。只有确定了各个波浪顶底的确切位置，才能确保对整个行情的波浪形态和时间周期判断的准确性。

需要明白的是，股市是由各种资金的力量大小，以及投资者的心理相互作用共同形成的，变化无穷，因此不存在“一定”或者“绝对”的情况。

比如，在极少数情况下，当9浪顶点附近有大资金提前离场，大量的卖单会压制9浪行情的上升，此时若9浪要和3浪形成双顶，那么9浪的终点有可能会略低于3浪的终点。

或者当3浪接近尾声时，突然有一笔很大的资金，将3浪终点打出一个长长的上影线，此时若9浪将要和3浪形成双顶，那么9浪终点也有可能会略低于3浪终点。

但是即便如此，9浪的终点仍然是整个123-abc-789九浪的波浪顶。

与此相似，假如在b浪反弹过程中有大资金入场，此时b浪将要和3浪形成双顶，那么b浪终点同样有可能会略高于3浪终点。其他如c浪终点和1浪起点的高低关系，c浪终点和a浪终点的高低关系也是如此。极少数情况下，c浪终点有可能会略低于1浪起点，c浪终点有可能会略高于a浪终点。

在使用对称波浪理论对行情进行九浪分析时，应以真正的波浪顶和波浪底为准。

如图2-39，西山煤电（000983）周K线图。该股在2004年11月形成一个左高点之后，不久又于2005年4月形成了一个几乎与左高点同高甚至还略高一点点的右高点，共同构成了双顶形态。

经过对称波浪理论及等倍时间周期分析，2004年11月的左高点为3浪的终点，即123浪的波浪顶，而2005年4月的右高点为abc调整浪的b浪终点。虽然右顶还略高了一点点，但它并不是123浪的波浪顶。

确定这个波浪顶的时间周期分析有两个方面：一是第一章图1-3、图1-4中西山煤电案例的时间周期现象。二是图2-39中c浪所用时间的3倍，确定了7浪的终点时间。具体时间周期规律将在下一章中讲到。

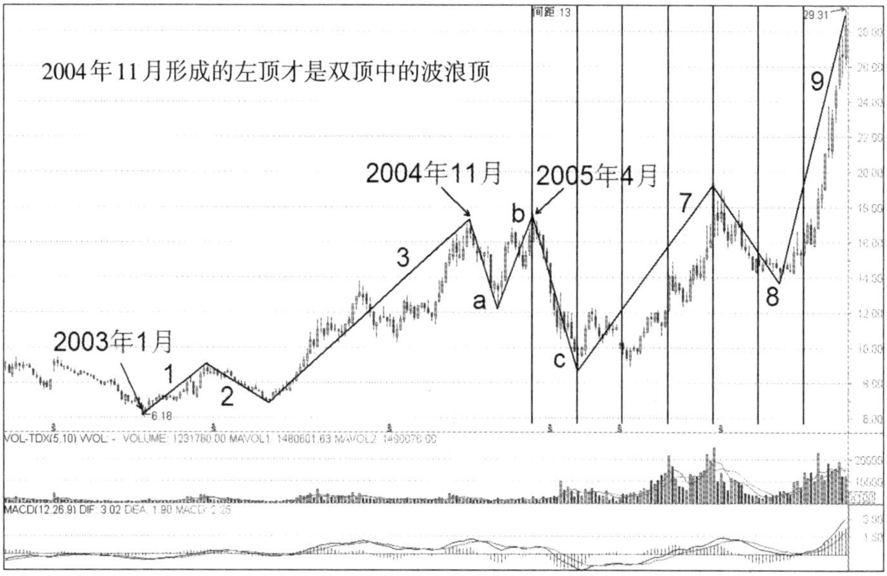

图2-39 西山煤电周K线图

（六）对称波浪理论总结

本章内容详细介绍了对称波浪理论的基本概念，对称波浪理论包含的四个基本要素，各浪级别的大小，各种条件下的变化形态及以各浪高低特征等。

关于对称波浪理论的几种变化形态，实际行情走势中通常不会以某一种形态单独出现，而是以几种形态同时出现。任意寻找一只股票，都可以看到几种形态的综合体现，这样才造成了市场行情的变幻莫测。

只要将以上几种变化形态逐一了解清楚，融会贯通，在面对复杂多变的行情时，就能做到一目了然，迅速理清市场行情目前所处的波浪阶段，帮助认清未来行情的走向。

对称波浪理论是下一章等倍时间周期分析的基础。等倍时间周期是在对称波浪理论的基础上产生的。了解等倍时间周期之前，务必要先了解清楚对称波浪理论，这样才能在接下来的学习过程中得心应手。同时，等倍时间周期也为对称波浪理论各浪级别大小判断提供了重要依据，并且反过来验证了对称波浪理论的正确性。

第3章
等倍时间周期

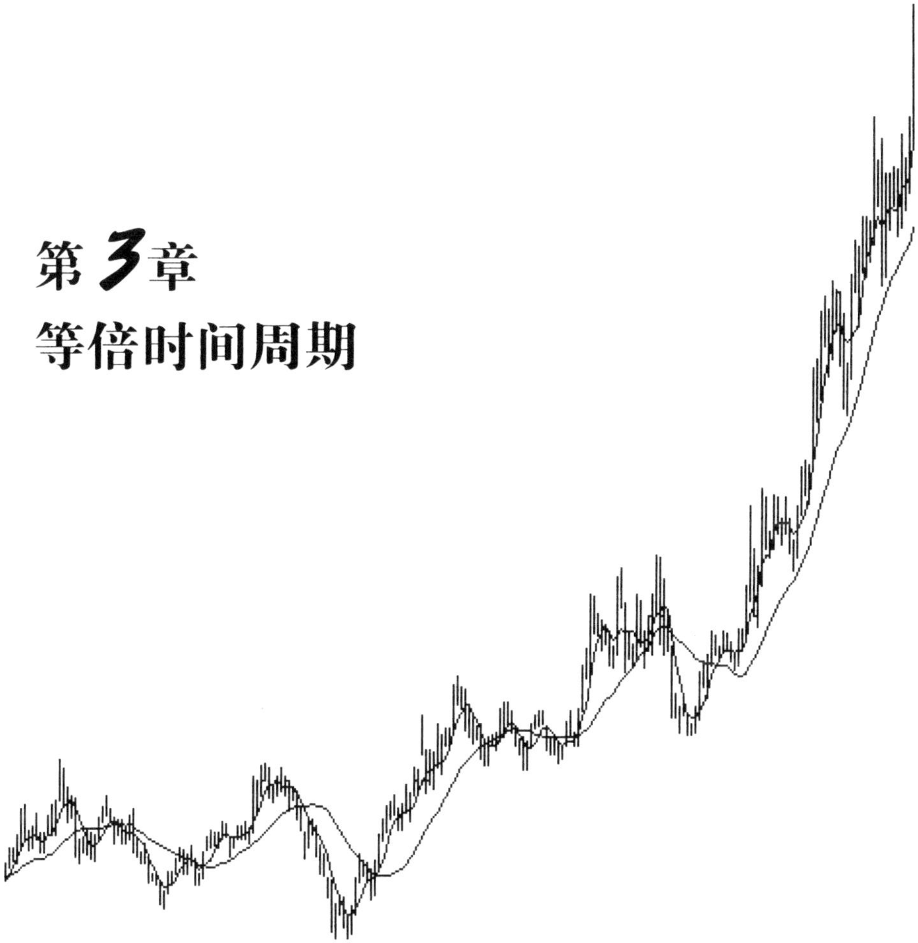

一、江恩时间周期的模糊性

江恩理论的创立者——威廉·江恩（William Delbert Gann）先生，指出了投资市场中时间的重要性，这一点正是他的伟大之处。但是江恩理论过于重视7及其倍数，认为7、14、21等是重要的转折点。这种观点好像没有任何逻辑性，只是一种宗教信仰式的想象，在实际运用中可操作性也不强。

江恩分割比率是以8为基础的。按照江恩分割比率的出现概率，依次是1/2、1/4、3/4，再其次便是1/8、3/8、5/8、7/8。其中最常见市场下跌幅度，经常是1/2或者3/4，这一点在投资过程中有一定的指导意义。

江恩时间循环理论是其思想及经验的总结。江恩通常用按照一定规律展开的圆形、正方形、六角形等来描述他的理论，这些图形中包括了江恩理论中的时间、价格、几何角、回调带等概念，将市场价格的运行规律图形化。

江恩认为较重要的循环周期有三种，一是短期循环：1小时、2小时、4小时……24小时、3周、7周、13周、15周、3个月、7个月；二是中期循环：1年、2年、3年、5年、7年、10年、13年、15年；三是长期循环：20年、30年、45年、49年、60年、82或84年、90年、100年。

30年循环周期是江恩分析的重要基础，因为30年共有360个月，刚好是360度的圆周循环，按照江恩价格带对其进行1/8、2/

8、3/8……7/8等分，正好可以得到长期、中期和短期循环。这一理论显得神秘而又晦涩，实际上难以运用。

江恩理论除分割比率具有一定的指导意义外，其时间循环理论具有很大的模糊性，而且在实际观察中准确率也不高。

二、等倍时间周期

（一）等倍时间周期的基本概念

一些证券投资者在利用时间周期线对市场行情进行分析时，可能会发现股市中存在一些神奇的时间周期现象，比如某一低点和某一高点之间所用时间的倍数，刚好是接下来另一个重要高点的形成时间，但是并没有人总结出任何规律或者形成任何理论。

笔者接触到这一时间周期现象时，提出了两点假设。

第一，波浪理论作为股市运行规律的基本形态，时间周期一定和波浪理论有着必然的联系，某个时间周期之间的低点和高点，一定是波浪理论中特定的低点和高点，而不应该是任意一个低点和高点。

第二，在这个世界上，证券分析师不计其数，如果时间周期和波浪理论存在必然的联系，但至今仍没有任何分析师就股市中存在的时间周期现象总结出任何规律，那么这很可能是因为传统的艾略特五升三跌八浪波浪理论本身是错的。这一点也是笔者抛弃艾略特波浪理论，重新探索波浪理论本质形态——对称波浪理论的重要原因之一。

笔者在2011年发现股市中存在着神奇的时间周期现象后，就决心去探索其中的秘密。那时候，笔者将发现的时间周期案例都保存下来，不断积累研究素材。同时一边积累素材，一边对这些素材进行对比，希望在各个素材之间发现可能存在的共性或者规律性的东西。当然，在初始阶段，还没有确定对称波浪理论的基本形态，仍然以艾略特五升三跌八浪波浪形态与时间周期进行结合分析，但经过很多次尝试之后，始终找不到其中存在任何联系，于是决定放弃。

之后开始以123浪形态重新对素材进行分析。123浪形态即为一升一跌一升简单的波浪形态。实际上，123浪形态并非凭空想象，在日常的市场行情观察中可以发现，其实123浪形态好像更容易解释行情的各种发展变化。以123浪简单的波浪形态分析，正是真正建立波浪时空体系的重要起始点。

但是123浪显然太少了，不能满足分析的需要。一个完整的时间周期，至少需要在123浪的高一级形态，即三升三跌三升九浪形态中才能体现出来，这便是对称波浪理论123-abc-789九浪的原型。

笔者将时间周期与九浪形态进行长时间的对比时，逐渐发现了其中存着的一些联系。接下来将这些联系不断积累，不断分析，思考其中存在的各种可能性，终于发现了时间周期伴随对称波浪理论九浪形态进行交替循环的五大规律，笔者将这种时间周期交替循环规律定义为等倍时间周期。

等倍时间周期是在对称波浪理论基础上产生的，因此在了解等倍时间周期之前，一定要先了解对称波浪理论。同时，等倍时间周期也反过来证明了对称波浪理论的正确性，因为只有在对称波浪理论的九浪形态划分下，等倍时间周期才会出现无限交替循环。

等倍时间周期是指，当市场行情按照对称波浪理论九浪形态进行无限循环时，时间周期也将按照一定的规律，伴随对称波浪理论进行无限交替循环。

（二）等倍时间周期的五大交替循环规律

1. 等倍时间周期交替循环第一规律。

在大量的时间周期素材中，笔者发现，有时候1浪所用时间的x倍，刚好确定了3浪的终点时间，即1浪所用时间的x倍等于2+3浪所用时间之和。有时候3浪所用时间的x倍，刚好确定了789浪的终点时间，即3浪所用时间的x倍等于abc+789浪所用时间之和。

为了方便表达和分析，将“1浪所用时间的x倍确定3浪的终点时间”，简单表达为“1确定3”，如图3-1。同时，将“3浪所用时间的x倍确定789浪的终点时间”，简单表达为“3确定789”，如图3-2。下文在所有交替循环规律中，都采用类似的简单表达方法。

从等倍时间周期交替循环第一规律到第五规律，x指的都是1/2、1、3/2、2、5/2、3、7/2、4等数字中的任意一个（其中5/2出现的概率很小，7/2出现的概率更小）。在不同类型的交替循环周期中，以上数字出现的频率高低也略有不同。当x小于1/2或者大于4时，很多时候需要进行周期互换。周期互换将在下文中提到。

需要特别指出的是：在对称波浪理论的两个基本形态中，abc浪为平台型调整浪的基本形态，要比abc浪为陡直型调整浪的基本形态看起来更为清晰。为了让投资者能够更好地认识每个时间周期规律示意图，本章中的时间周期规律示意图，全部采用abc浪为平台型调整浪的基本形态。所以，本章中的时间周期规律示意图之间，并不表示对称波浪理论平台型调整浪和陡直型调整浪相邻级别间的交替出现关系。

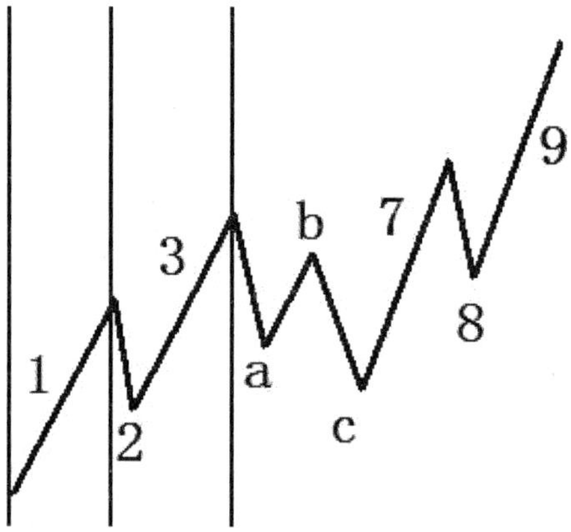

图3-1 1浪所用时间的x倍确定3浪的终点时间，即1确定3

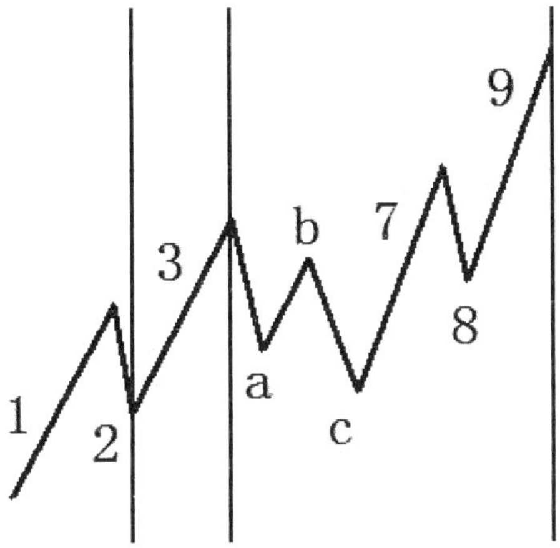

图3-2 3浪所用时间的x倍确定789浪的终点时间，即3确定789

既然对称波浪理论是无限循环形态，那么这两种时间周期中，是不是也存在一定的周期性循环规律呢？笔者带着这个疑问，对“1确定3”和“3确定789”这两种时间周期形态进行了分析。当然，在寻找到的大量时间周期素材中，还发现了其他几种周期类型，但笔者首先认为“1确定3”和“3确定789”之间最有可能存在着规律性。

试想，在1确定3之后，如果123再确定123-abc-789（即高一级九浪的1确定3），以此类推，那么之后的行情时间都将由1浪的时间长度来确定，这明显和复杂多变的市场实际情况不符。

如果1确定3之后，3再确定789的话，这样就避免了之后的行情都是由1浪的时间确定的情况，因为3浪的时间是会随着2浪时间的变化而变化的。

那么在1确定3之后，会不会真的存在3再确定789这种规律呢？笔者寻找了大量行情走势较为标准且时间周期现象出现频繁的素材品种，将这一猜测反复套入进行验证。经过大量的验证之后，结果发现：成立！很多个品种居然都符合这个规律。

这是一个极其重要的开始！终于捅破了时间周期规律的朦胧窗纱，仿佛已经可以看到其中的美妙光芒。

当1确定3时，3确定789，接下来又会如何发展呢？

为了方便分析，将图3-2中的3确定789，看作是高一级浪的1（789）确定3，如图3-3。其中1（789）表示将1浪细分为一个完整123-abc-789九浪中的789浪，具体内容请参照上一章对称波浪理论。

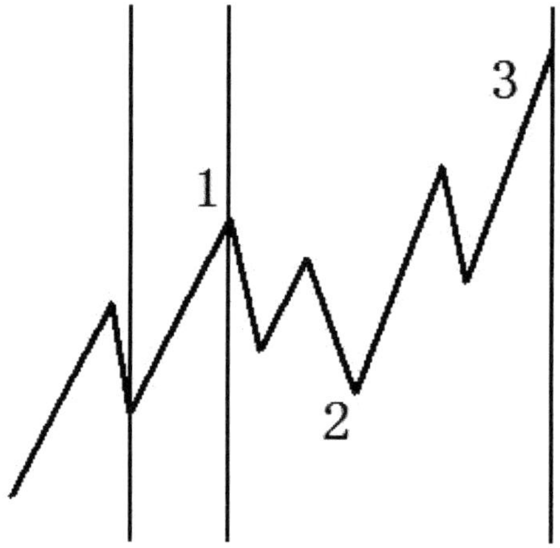

图3-3 1（789）浪所用时间的x倍确定3浪的终点时间，即1（789）确定3

当出现1（789）确定3的情况后，会不会又回过头来产生123确定789（即更高一级浪的1确定3）呢？于是继续寻找一些素材品种进行大量验证。经过验证后发现，还是成立的！即：当1（789）确定3时，123确定789，如图3-4。

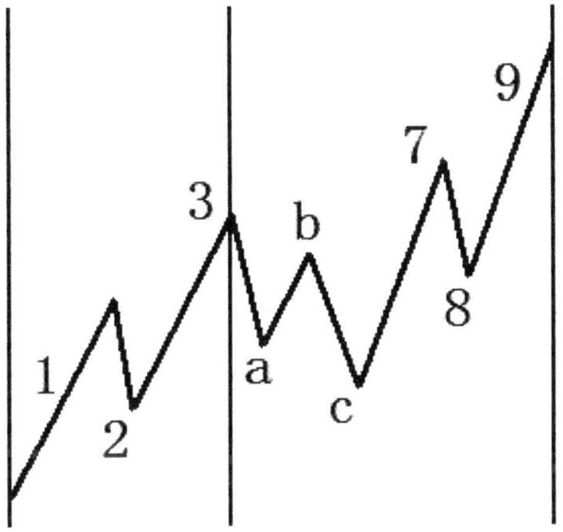

图3-4 123浪所用时间的x倍确定789浪的终点时间，即123确定789

我们来认真分析一下，“当1确定3时，3确定789”，而3确定789又可以看作是高一级浪的1（789）确定3。接下来，“当1（789）确定3时，123确定789”，而123确定789又可以看作是更高一级浪的1确定3，又重新回到了1确定3的结论。

这样的话，“当1确定3时，3确定789”，和“当1（789）确定3时，123确定789”，就实现了无限交替循环。

在这个基础上，笔者建立了等倍时间周期交替循环第一规律，也是最基本的规律。

等倍时间周期交替循环第一规律：当1确定3时，3确定789；当1（789）确定3时，123确定789。并以这两个条件进行无限交替循环。

等倍时间周期交替循环第一规律的发现意义重大。

一是证明了对称波浪理论三升三跌三升九浪形态是正确的，因为只有在这种形态下，才会产生时间周期的无限交替循环。

二是证明了笔者对波浪理论和时间周期循环的两个假设是正确的，在市场行情中，时间周期的确和波浪理论有着必然的联系，某个时间周期之间的低点和高点，一定是波浪理论中特定的低点和高点，而不应该是任意一个低点和高点。

在等倍时间周期交替循环第一规律中，1浪所用时间的x倍确定3浪的终点时间，即1确定3，数值x出现频率高低依次为：3、2、3/2、1、1/2等。3浪所用时间的x倍确定789浪的终点时间，即3确定789，数值x出现频率高低依次为：2、4、3、3/2、1等。

在第一章中，悦达投资（600805）的案例即属于这个规律。将悦达投资日K线图从2008年11月至2011年3月的一段上升行情，按照对称波浪理论123-abc-789九浪形态进行划分，如图3-5、图3-6，前复权。

在图3-5中，1浪所用时间的1倍确定3浪的终点时间，即1确定3。根据等倍时间周期交替循环第一规律，当1确定3时，3确定789。在图3-6中，3浪所用时间的3/2倍确定789浪的终点，即3确定789。

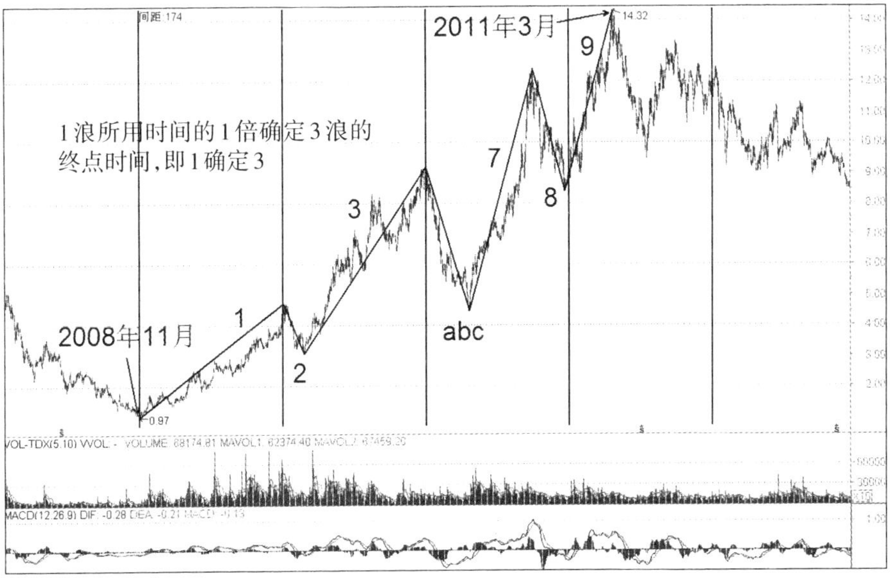

图3-5 悦达投资日K线图

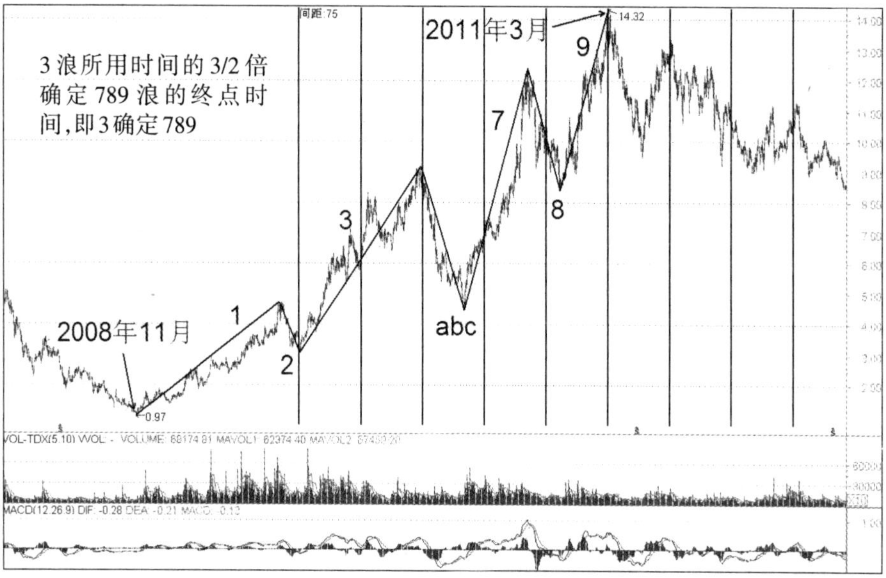

图3-6 悦达投资日K线图

悦达投资接下来的时间周期发展，将牵涉到等倍时间周期交替循环第三规律中的周期互换，因此在下文中再作描述。

在第一章中，西山煤电（000983）的案例也同样属于这个规律。将西山煤电周K线图从2003年1月至2009年12月的这段上升行情，按照对称波浪理论123-abc-789九浪形态进行划分，如图3-7、图3-8，前复权。

在图3-7中，1浪所用时间的3/2倍确定3浪的终点时间，即1确定3。根据等倍时间周期交替循环第一规律，当1确定3时，3确定789。在图3-8中，3浪所用时间的1倍确定789浪的终点时间，即3确定789。

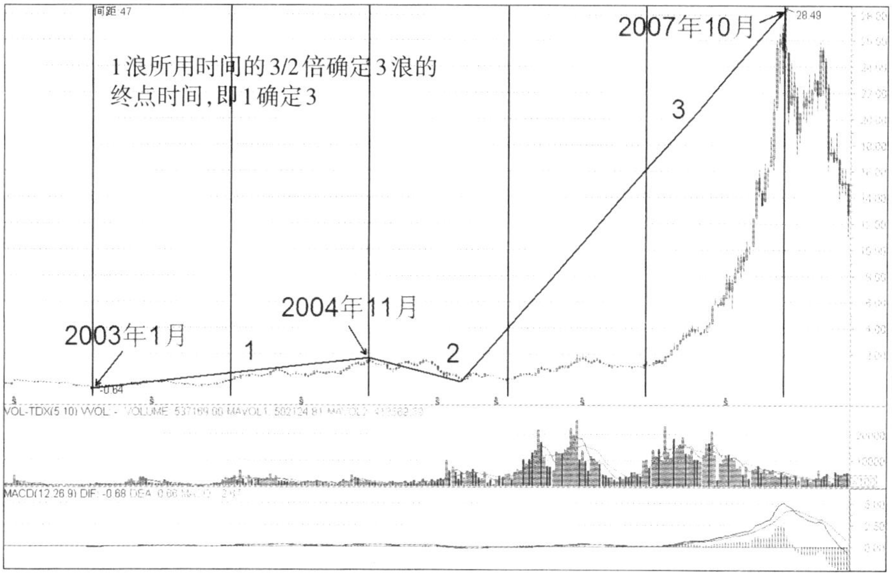

图3-7 西山煤电周K线图

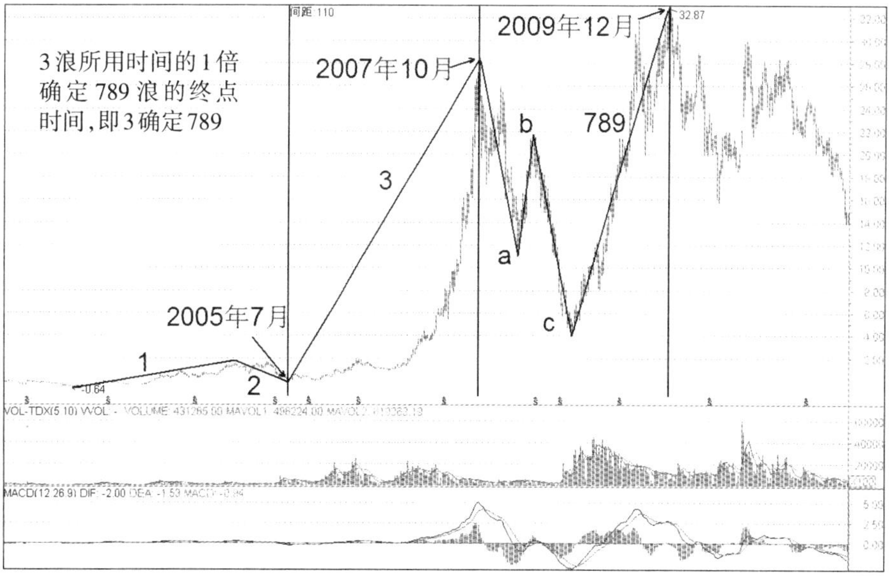

图3-8 西山煤电周K线图

接下来，如果将图3-8中的123-abc-789九浪看作是高一级浪的123浪，那么图3-8中的3确定789，就等同于图3-9中的1（789）

确定3，如图3-9。

根据等倍时间周期交替循环第一规律，当1（789）确定3时，123确定789。按照目前的市场情况分析，图3-9中123浪所用时间的3/2倍，即在2020年3月，很可能就是789浪的终点时间。

另外，就算知道了9浪结束的时间，也不能忽视8浪下跌，因为8浪将是一个陡直型的下跌，必须密切关注。

图中划线只表示波浪形态及时间长短，不表示行情高低。

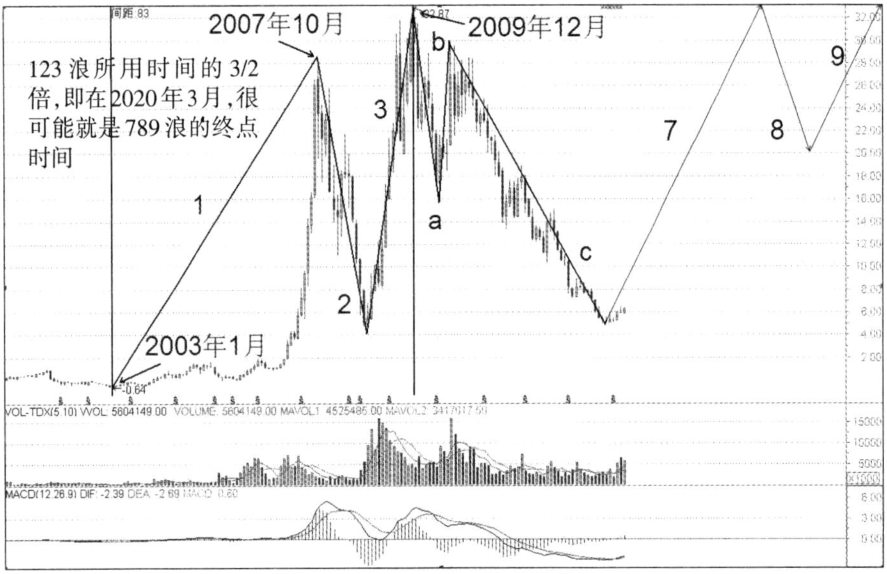

图3-9 西山煤电月K线图

发现第一规律之后，接下来的研究过程相对顺利多了，因为假设和方法都是正确的，只需继续潜心挖掘其他可能存在的时间周期现象。

2. 等倍时间周期交替循环第二规律。

确定了等倍时间周期交替循环第一规律之后，在收集到的大量时间周期素材中，还存在着另外一些时间周期现象，其中就包括“1+2 浪所用时间的 x 倍确定 3 浪的终点时间”，简单表达为“1+2 确定 3”，如图 3-10。“abc 浪所用时间的 x 倍确定 789 浪的终点时间”，简单表达为“abc 确定 789”，如图 3-11。

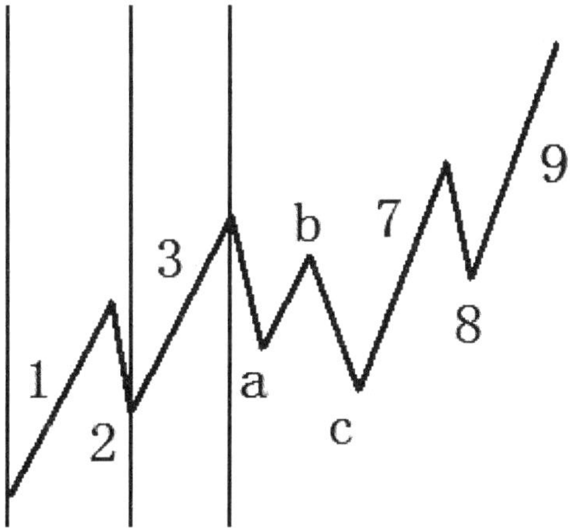

图 3-10 1+2 浪所用时间的 x 倍确定 3 浪的终点时间，即 1+2 确定 3

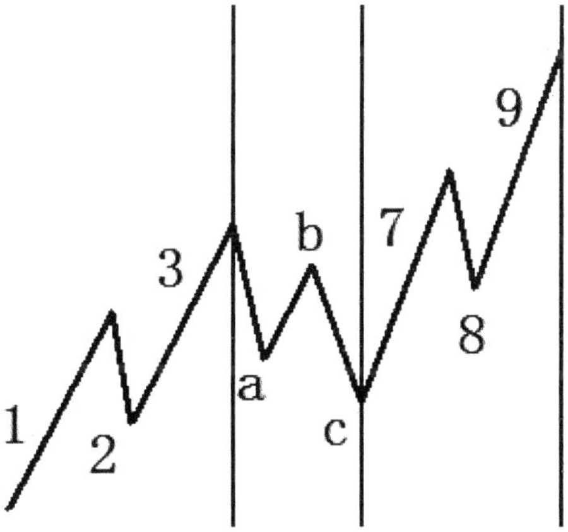

图 3-11 abc 浪所用时间的 x 倍确定 789 浪的终点时间，即 abc 确定 789

那么，这两个时间周期现象是否也像第一规律一样，实现无限交替循环呢？通过前文所述的分析验证方法，继续对“1+2确定3”和“abc确定789”这两种时间周期现象进行验证。经过大量验证后发现，当1+2确定3时，确实出现了abc确定789的情况。

实际上，每一条规律的验证流程，都要比描述出来复杂得多。

当1+2确定3时，abc确定789，接下来又会如何发展呢？同样，为了方便分析，将abc确定789看作是高一级浪的2确定3，如图3-12。

接着，继续经过大量验证后发现，当2确定3时，接着也产生了123+abc确定789，如图3-13。

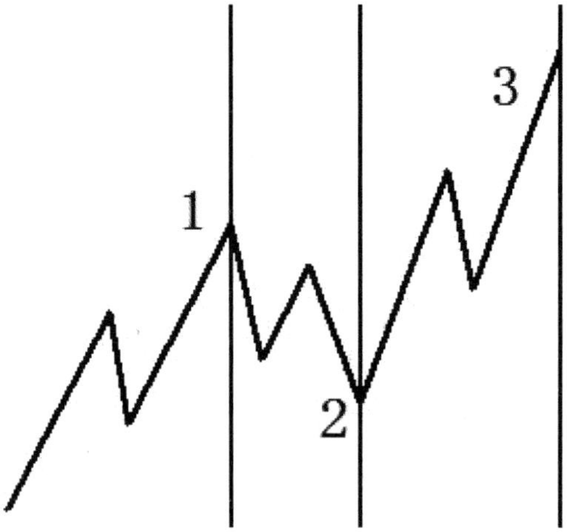

图3-12 2浪所用时间的x倍确定3浪的终点时间，即2确定3

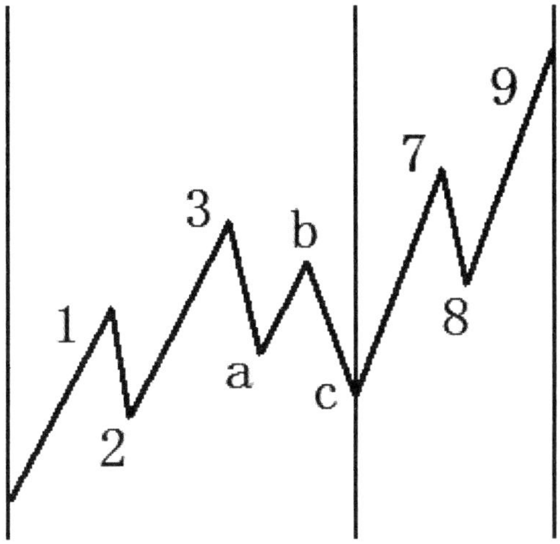

图3-13 123+abc浪所用时间的x倍确定789浪的终点时间，即123+abc确定789

而123+abc确定789又可以看作是更高一级浪的1+2确定3，这样又回到了1+2确定3的情况。

于是，“当1+2确定3时，abc确定789”，与“当2确定3时，123+abc确定789”同样实现了无限交替循环。这就是等倍时间周期交替循环第二规律。

等倍时间周期交替循环第二规律：当1+2确定3时，abc确定789；当2确定3时，123+abc确定789。并以这两个条件进行无限交替循环。

将上证指数周K线图从2001年6月至2005年7月的平台型熊市行情，按照对称波浪理论123-abc-789九浪形态进行划分，如图3-14、图3-15。

在图3-14中，1+2浪所用时间的1/2倍确定3浪的终点时间，即1+2确定3。根据等倍时间周期交替循环第二规律，当1+2确定3时，abc确定789。在图3-15中，abc浪所用时间的1倍确定789浪的终点时间，即abc确定789。其中2005年7月的低点为上证指数双底形态中的波浪底，这与沪深300指数略有差别。

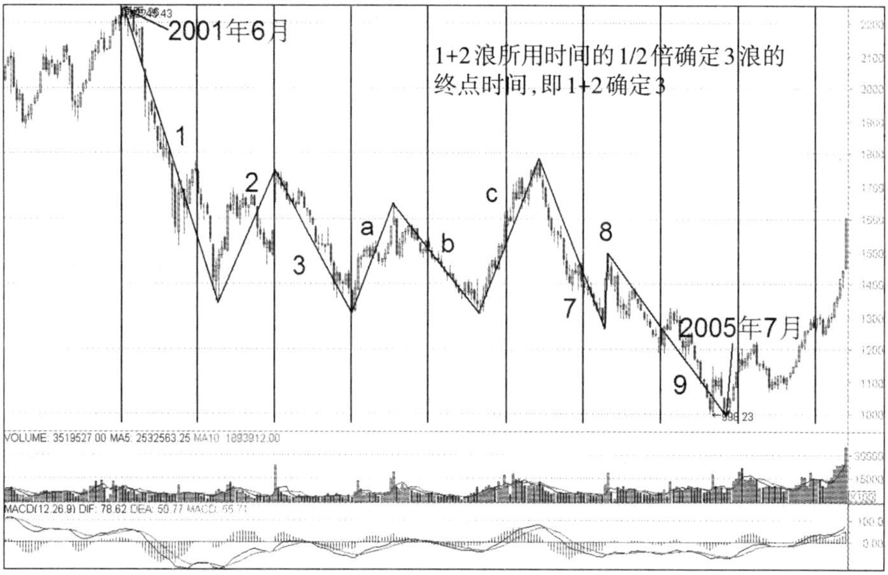

图3-14 上证指数周K线图

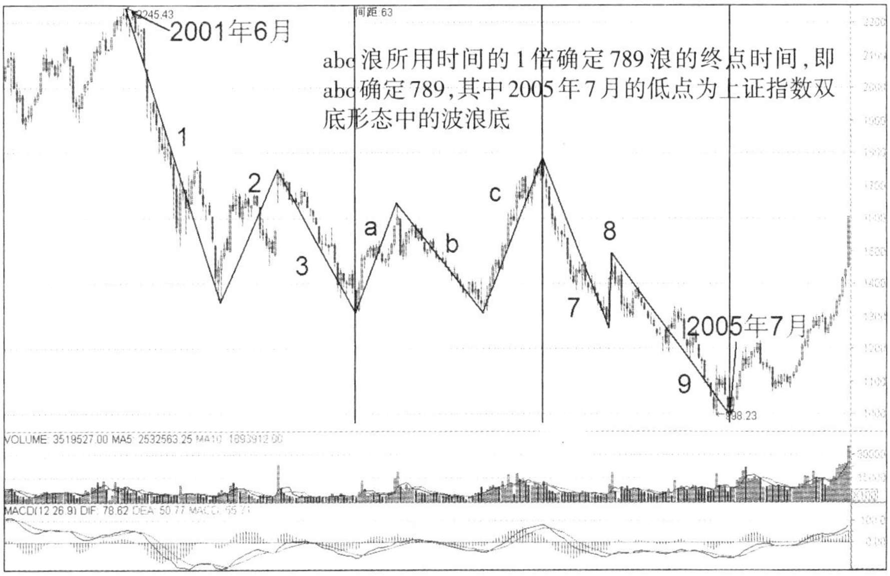

图3-15 上证指数周K线图

在恒生地产分类指数日K线图从2011年10月开始的一段上升行情中，如图3-16，1+2浪所用时间的1倍确定3浪的终点时间，即1+2确定3。

根据等倍时间周期交替循环第二规律，当1+2确定3时，abc确定789。如图3-17，按照目前市场情况分析，图3-17中abc浪所用时间的3倍，即在2017年6月，很可能就是789浪的终点时间。

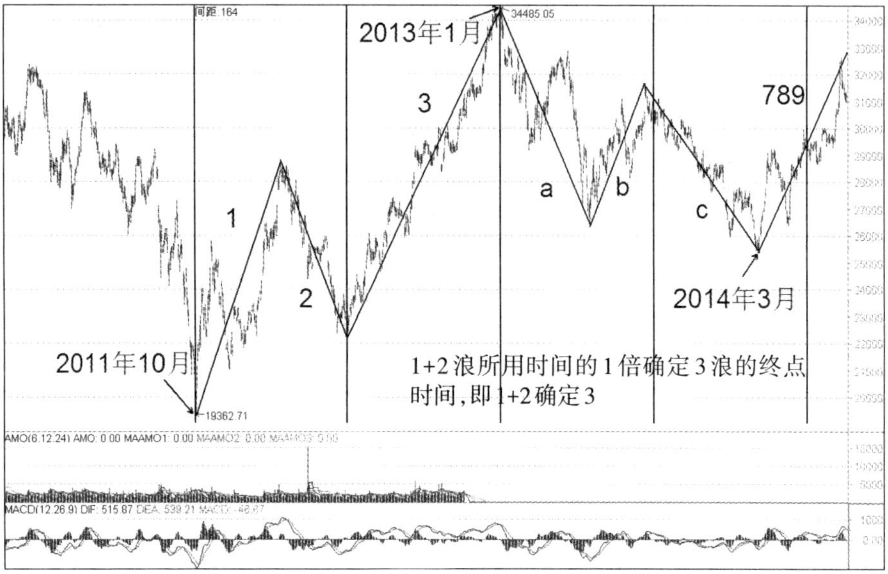

图3-16 恒生地产分类指数日K线图

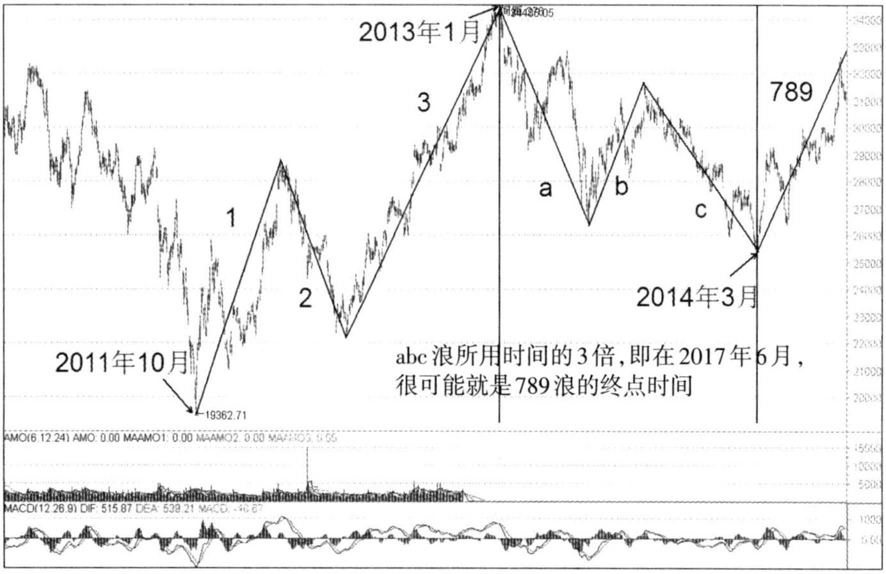

图3-17 恒生地产分类指数日K线图

3. 等倍时间周期交替循环第三规律。

后来，在很多时间周期素材中，笔者还发现第一规律和第二规律存在着相互替换的现象，将其总结为等倍时间周期交替循环第三规律。

等倍时间周期交替循环第三规律：在某些条件下，“123确定789”和“abc确定789”可互换，“3确定789”和“123+abc确定789”可互换。

第一，“123确定789”和“abc确定789”可互换条件如下。

条件1：当123浪所用时间较短时，若123确定789，则替换为abc确定789。所谓123浪所用时间较短，一般是指需要超过4倍时间，才能确定接下来走势的情况。

条件2：当789浪所用时间可能较短时，若123确定789，则替换为abc确定789。所谓789浪所用时间较短，一般是指需要小于1/2倍时间，才能确定接下来走势的情况。

条件3：当123浪和789浪上升斜率差别较大时，若123确定789，则替换为abc确定789。所谓123浪和789浪上升斜率差别较大，一般是指一方为缓升浪形态，一方为急升浪形态。

条件4：当abc浪所用时间较短时，若abc确定789，则替换为123确定789。所谓abc浪所用时间较短，一般是指需要超过4倍时间，才能确定接下来走势的情况。

在第一章中，美国标准普尔指数时间周期案例，即属于条件3的互换。

将美国标准普尔指数从1974年9月至1980年11月的一段行情，按照对称波浪理论123-abc-789九浪形态进行划分，如图3-18、图3-19。在图3-18中，1浪所用时间的2倍确定3浪的终点时间，即1确定3。其中1976年12月的高点为双顶形态中的波浪顶。

根据等倍时间周期交替循环第一规律，当1确定3时，3确定789。在图3-19中，3浪所用时间的3倍确定789浪的终点时间，即3确定789。

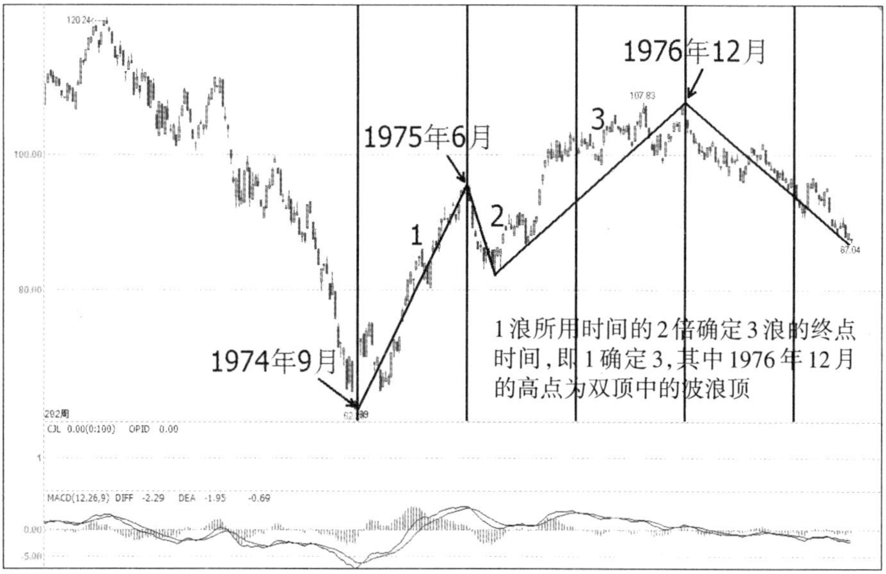

图3-18 美国标准普尔指数周K线图

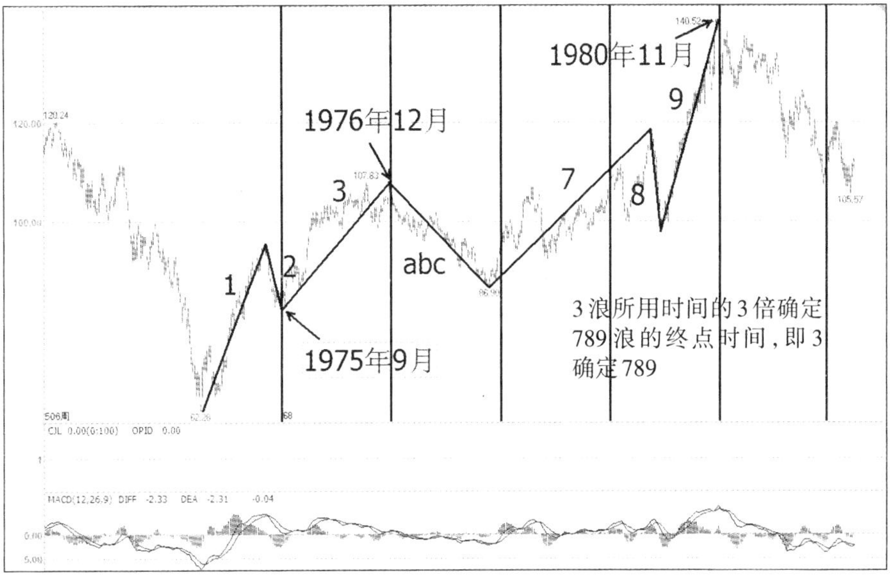

图3-19 美国标准普尔指数周K线图

接下来，将图3-19中美国标准普尔指数的123-abc-789九浪看作是高一级浪的123浪，如图3-20，那么图3-19中的3确定789，就等同于图3-20中的1（789）确定3。

根据等倍时间周期交替循环第一规律，当1（789）确定3时，123确定789。但是在图3-20中，由于123浪上升速度较缓，为缓升浪，而789浪上升速度较急，为急升浪，123浪和789浪上升斜率差别较大。

根据等倍时间周期交替循环第三规律“123确定789”和“abc确定789”可互换条件3，当123浪和789浪上升斜率差别较大时，若123确定789，则替换为abc确定789，即图3-20中，abc浪所用时间的3倍确定789浪的终点时间。

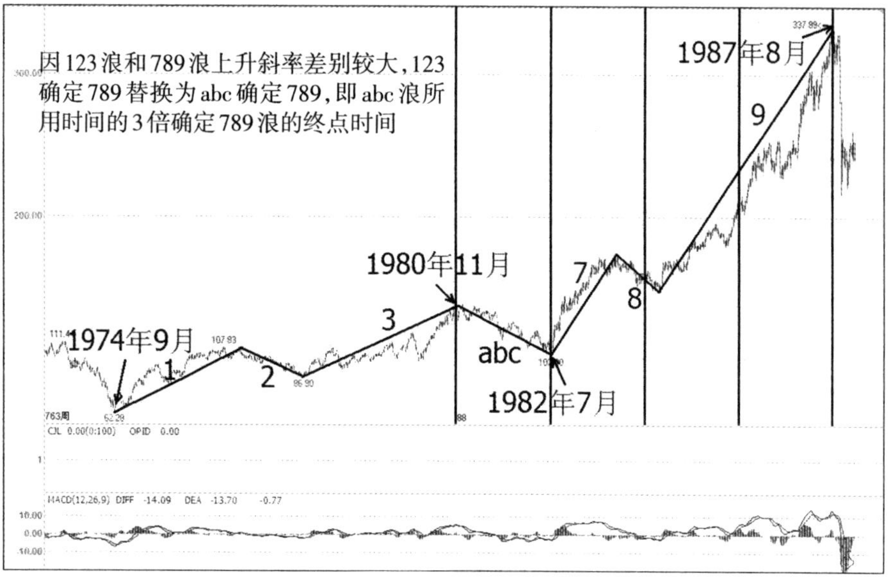

图3-20 美国标准普尔指数周K线图

由于美国股市发展时间很长，暂时无法确定美国标准普尔指数从1974年9月至1987年8月的这段上升行情在历史行情中所处的波浪位置，因此接下来也不再继续对其进行后市行情分析。

现在对等倍时间周期交替循环第一规律中的悦达投资未来时间周期进行分析。将图3-6中悦达投资123-abc-789九浪看作是高一级浪的123浪，如图3-21。那么图3-6中的3确定789，就等同于图3-21中的1（789）确定3。

根据等倍时间周期交替循环第一规律，当1（789）确定3时，123确定789。但是我们注意到123浪为急升浪，789浪很可能为缓升浪。

根据等倍时间周期交替循环第三规律“123确定789”和“abc确定789”可互换条件3，当123浪和789浪上升斜率差别较大时，若123确定789，则替换为abc确定789。按照目前的市场情况分析，图3-21中abc浪所用时间的3倍，即在2016年5月，很可能就是789浪的终点时间。

由于悦达投资走势较为独立，缺少同类型股票的时间周期验证，789浪的终点时间，既可能为abc浪所用时间的3倍，也可能为abc浪所用时间的4倍。另外，根据图3-21中789浪阶段的时间周期分析，更支持abc浪所用时间的3倍确定789浪的终点时间。

这一点，有些类似于数学中的方程式求解，即：符合同一股票不同波浪阶段时间周期的共同时间点，最有可能为这只股票的见顶时间。

在长期行情中，当等倍时间周期中的数值x实在难以确定时，对每个有较大可能出现的x倍所确定的时间节点都应给予重点关注。

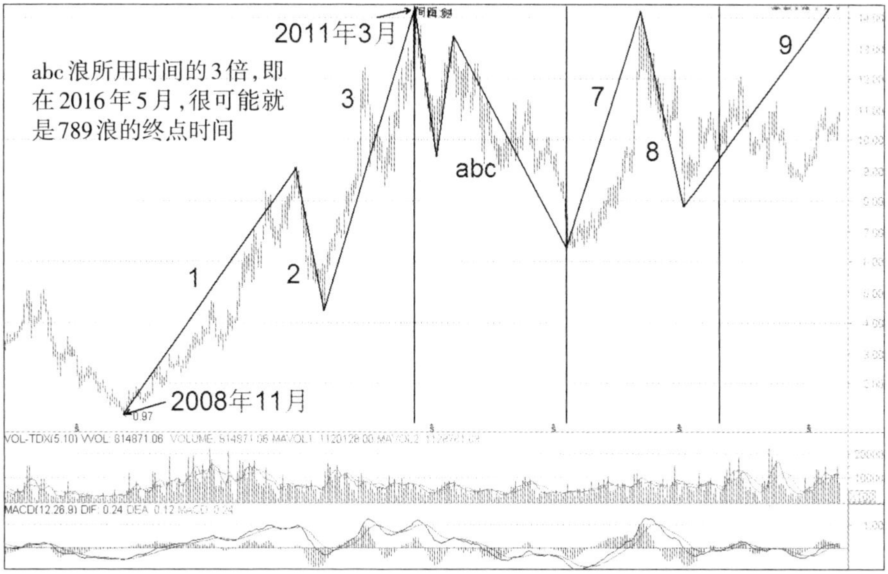

图3-21 悦达投资月K线图

接下来，再对中信证券（600030）的未来时间周期进行推演。

将中信证券日K线图从2005年3月至2007年11月一段上升行情，按照对称波浪理论123-abc-789九浪划分波浪形态，如图3-22、图3-23，后复权。

在图3-22中，1浪所用时间的3/2倍确定3浪的终点时间，即1确定3。其中2006年5月的高点为双顶形态中的波浪顶。

根据等倍时间周期交替循环第一规律，当1确定3时，3确定789。在图3-23中，3浪所用时间的3倍确定789浪的终点时间，即3确定789。

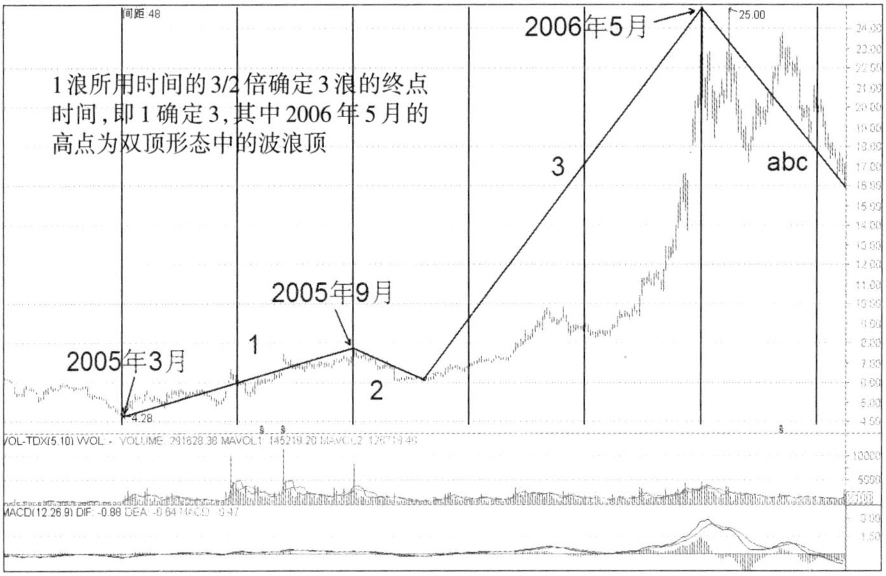

图3-22 中信证券日K线图

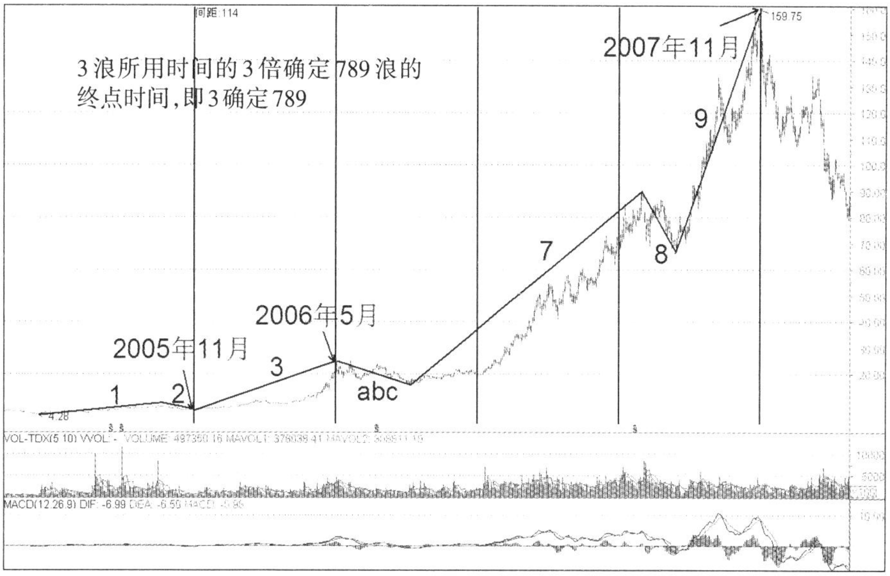

图3 23 中信证券日K线图

接下来，将图3-23中的123-abc-789九浪看作是高一级浪的123浪，如图3-24，那么图3-23中的3确定789，就等同于图3-24中的1（789）确定3。

根据等倍时间周期交替循环第一规律，当1（789）确定3时，123确定789。但是在图3-24中，123浪所用时间较短。

根据等倍时间周期交替循环第三规律“123确定789”和“abc确定789”可互换条件1，当123浪所用时间较短时，若123确定789，则替换为abc确定789。

按照目前的市场情况分析，图3-24中abc浪所用时间的2倍，即在2020年3月，很可能就是789浪的终点时间。

图中划线只表示波浪形态及时间长短，不表示行情高低。

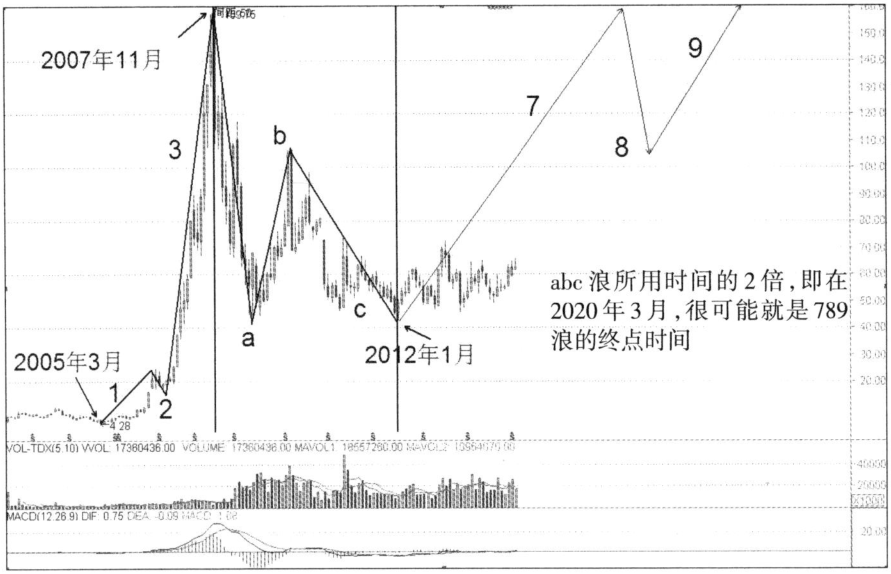

图3-24 中信证券月K线图

第二，“3确定789”和“123+abc确定789”可互换条件如下。

条件1：当3浪所用时间较短时，若3确定789，则替换为123+abc确定789。所谓3浪所用时间较短，一般是指需要超过4倍时间，才能确定接下来走势的情况。

条件2：当789浪所用时间可能较短时，若123+abc确定789，则替换为3确定789。所谓789浪所用时间可能较短，一般是指需要小于1/2倍时间，才能确定接下来走势的情况。

在第一章中，山东黄金（600547）的案例即属于条件1的互换。

将山东黄金日K线图从2005年7月至2008年11月的这段上升行情，按照对称波浪理论123-abc-789九浪形态进行划分，如图3-25、图3-26，前复权。

在图3-25中，1浪所用时间的2倍确定3浪的终点时间，即1确定3。根据等倍时间周期交替循环第一规律，当1确定3时，3确定789。但是在图3-26中，3浪所用时间较短（主要是因为3浪期间发生了3个星期的停牌事件），需要超过4倍时间才能确定789。

根据等倍时间周期交替循环第三规律“3确定789”和“123+abc确定789”可互换条件1，当3浪所用时间较短时，若3确定789，则替换为123+abc确定789。在图3-26中，123+abc浪所用时间的3/2倍确定789浪的终点时间。

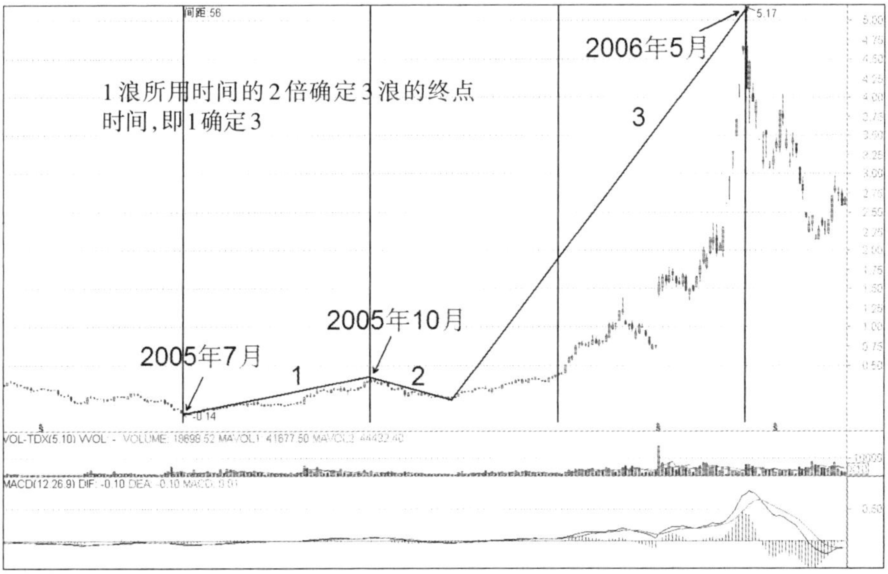

图3-25 山东黄金日K线图

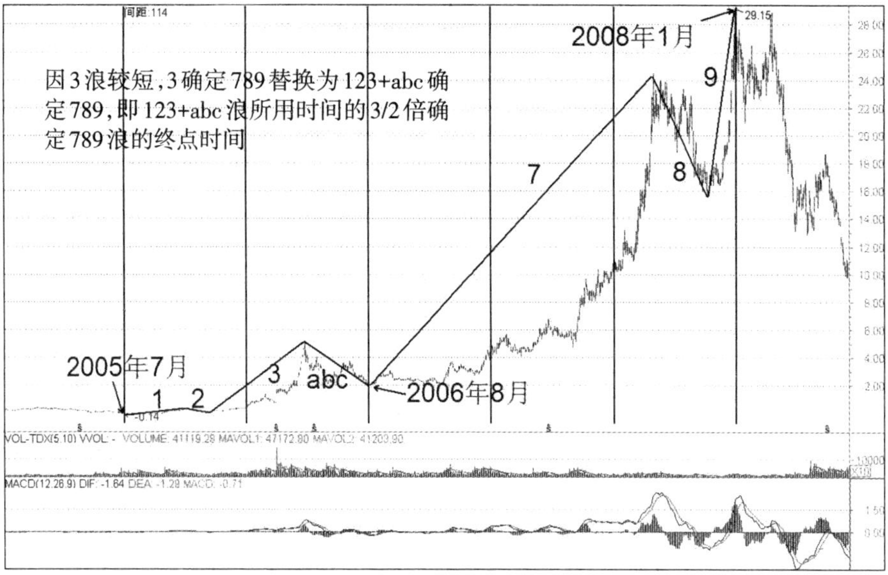

图3-26 山东黄金日K线图

在发生了周期互换后，山东黄金的行情又该如何继续发展呢？

将图3-26中的123-abc-789九浪看作是高一级浪的123浪，如图3-27，那么图3-26中的123+abc确定789，就等同于图3-27中的1+2确定3。

根据等倍时间周期交替循环第二规律，当1+2确定3时，abc确定789。在图3-27中，abc浪所用时间的3倍确定789浪的终点时间。其中2010年10月的高点为双顶形态中的波浪顶。

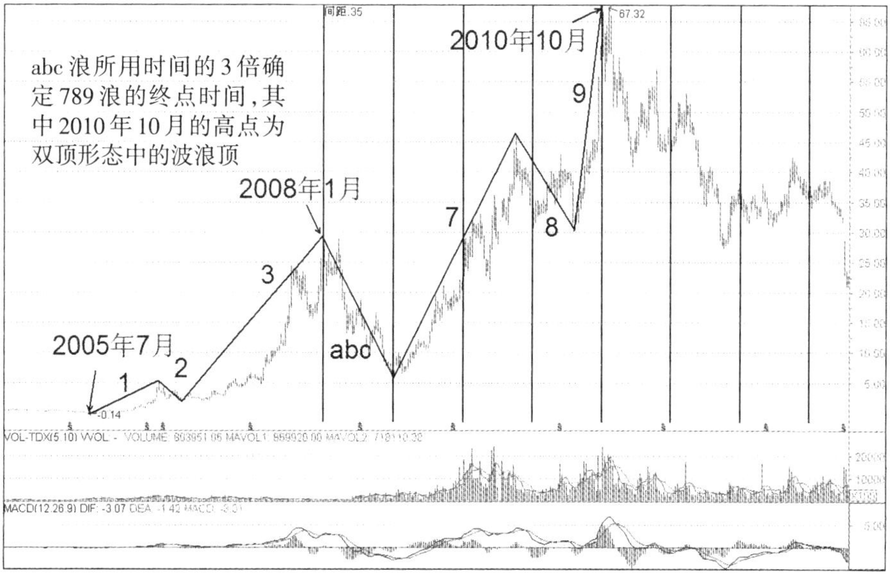

图3-27 山东黄金周K线图

再以中金黄金（600489）为例，对其未来时间周期进行分析。将中金黄金周K线图从2008年9月至2010年11月的这段上升行情，按照对称波浪理论123-abc-789九浪形态先划分为123浪，如图3-28，前复权。

1浪所用时间的3/2倍确定3浪的终点时间，即1确定3。根据等倍时间周期交替循环第一规律，当1确定3时，3确定789。而在图3-28中，3浪明显太短了，无法确定789浪的终点时间。

再根据等倍时间周期交替循环第三规律“3确定789”和“123+abc确定789”可互换条件1，当3浪所用时间较短时，若3确定789，则替换为123+abc确定789。按照目前市场情况分析，在图3-29中，123+abc浪所用时间的1倍，即在2020年3月，很可能就是789浪的终点时间。

图中划线只表示波浪形态及时间长短，不表示行情高低。

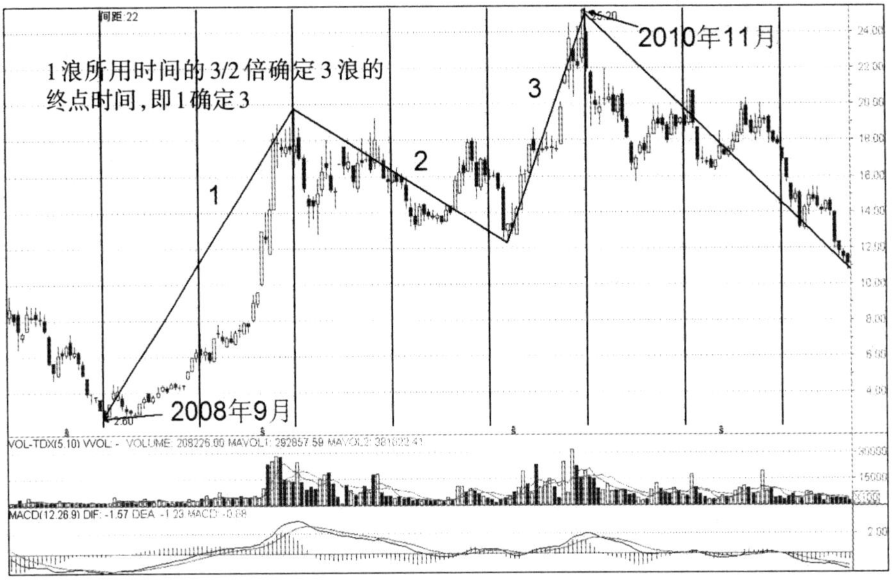

图3-28 中金黄金周K线图

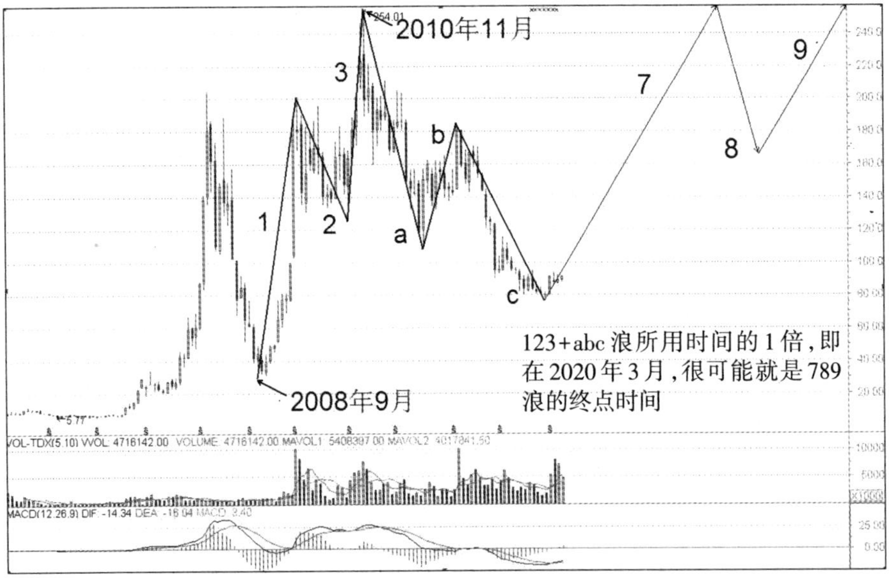

图3-29 中金黄金月K线图

在图3-29中，2浪看起来像是平台型调整浪，但它在本质上仍然是陡直型调整浪，这种情况在市场中很少出现，应注意从本质形态上进行辨别。

通过对比山东黄金和中金黄金的K线图，不难发现，这两只股票虽然同属于黄金板块，但是它们在行情发展过程中的调整浪级别大小明显不同。在山东黄金K线图中，从2008年1月开始的陡直型调整浪，要比从2010年10月开始的平台型调整浪次一级别。而在中金黄金K线图中，从2007年9月开始的陡直型调整浪，要比从2010年11月开始的平台型调整浪高一级别。

类似的情况在同一板块不同股票之间经常出现。

接着，再以东信和平（002017）为例。将东信和平日K线图从2008年11月至2010年11月的这段上升行情，按照对称波浪理论123-abc-789九浪形态进行划分，如图3-30，前复权。2浪所用时间的2倍确定3浪的终点时间，即2确定3。

根据等倍时间周期交替循环第二规律，当2确定3时，123+abc确定789。而在图3-30中，按照当时的市场情况，789浪所用时间可能较短。

再根据等倍时间周期交替循环第三规律“3确定789”和“123+abc确定789”可互换条件2，当789浪所用时间可能较短时，若123+abc确定789，则替换为3确定789。在图3-31中，3浪所用时间的1倍确定789浪的终点时间。

图3-30 东信和平日K线图

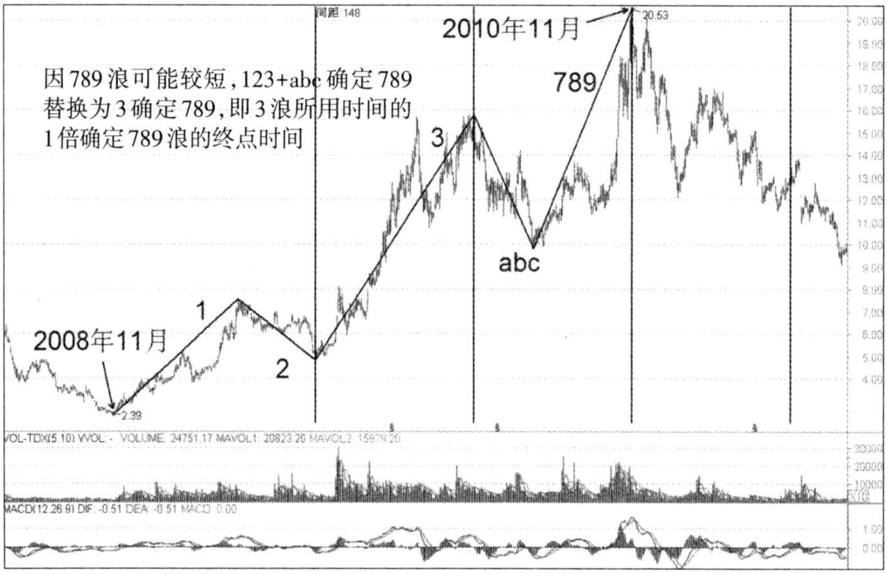

图3-31 东信和平日K线图

4. 等倍时间周期交替循环第四规律。

在很多品种的行情走势中，笔者还发现，有时候1浪所用时间的x倍，确定2浪的终点时间，即“1确定2”的情况，如图3-32。

经过大量验证后发现，当“1确定2”时，3浪所用时间的x倍，确定789浪的终点时间，即“3确定789”，如图3-36。这便是等倍时间周期交替循环第四规律。

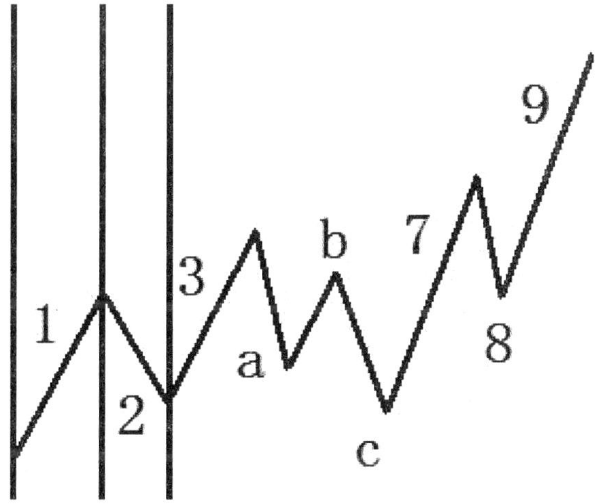

图3-32 1浪所用时间的x倍确定2浪的终点时间，即1确定2

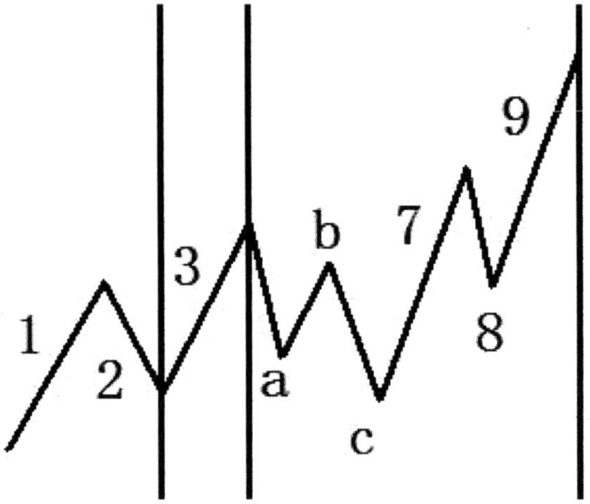

图3-33 3浪所用时间的x倍确定789浪的终点时间，即3确定789

等倍时间周期交替循环第四规律：当1确定2时，3确定789。

将西山煤电（000983）日K线图从2005年7月至2007年10月的上升行情，按照对称波浪理论123-abc-789九浪形态进行划分，如图3-34、图3-35，后复权。

在图3-34中，1浪所用时间的2倍确定2浪终点时间，即1确定2。根据等倍时间周期交替循环第四规律，当1确定2时，3确定789。在图3-35中，3浪所用时间的3倍确定789浪终点时间，即3确定789。

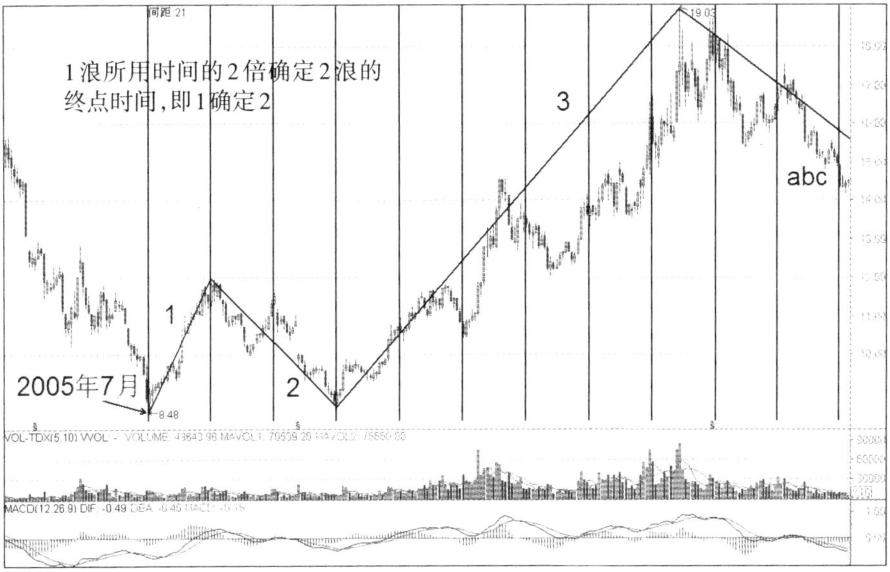

图3-34 西山煤电日K线图

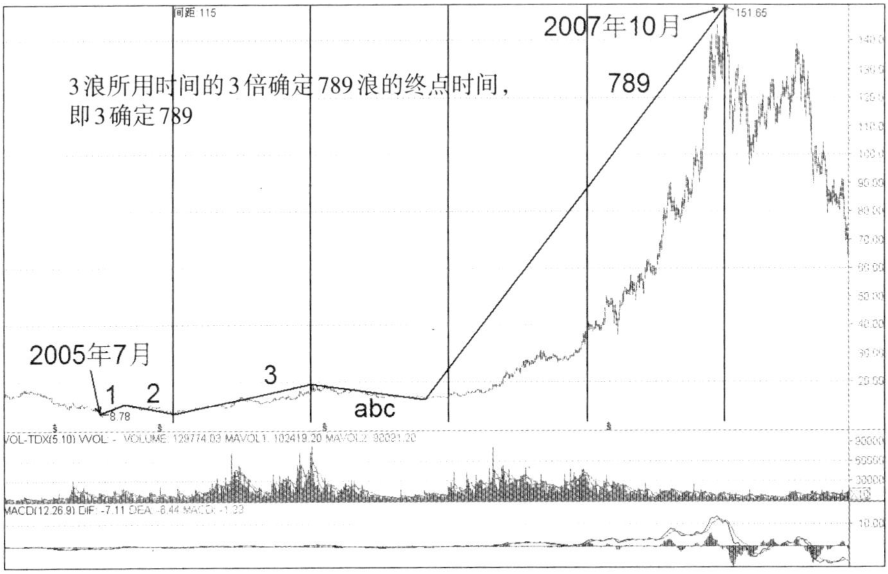

图3-35 西山煤电日K线图

再以沪深300指数日K线图从2007年10月至2008年11月的陡直型调整浪熊市行情为例，按照对称波浪理论123-abc-789九浪形态进行划分，如图3-36、图3-37。

在图3-36中，1浪所用时间的1倍确定2浪的终点时间，即1确定2。根据等倍时间周期交替循环第四规律，当1确定2时，3确定789。在图3-37中，3浪所用时间的2倍确定789浪的终点时间，即3确定789。而789浪的终点，也是当时熊市的最低点。

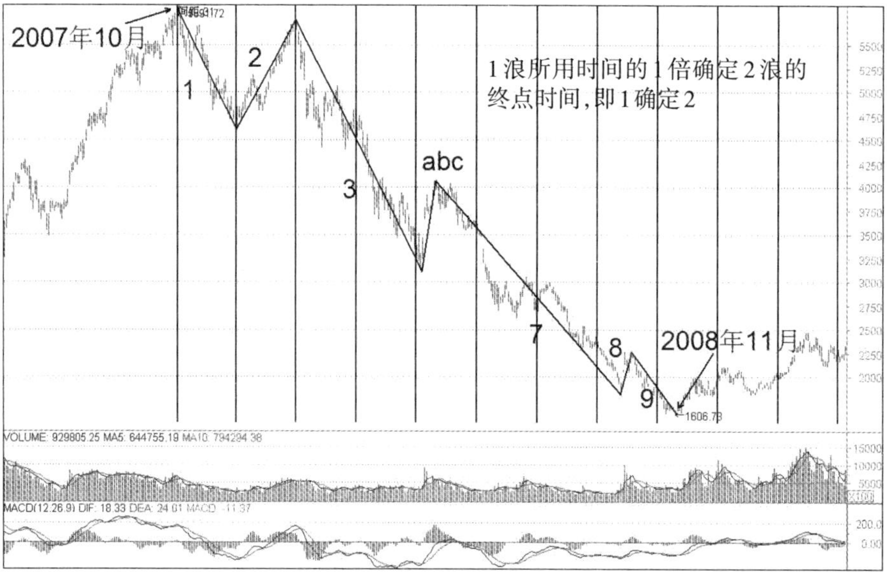

图3-36 沪深300指数日K线图

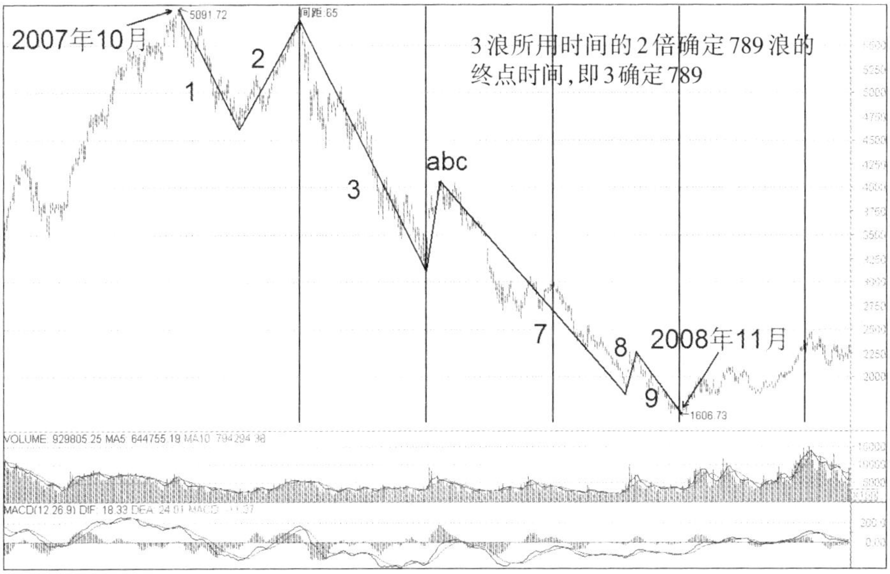

图3-37 沪深300指数日K线图

5. 等倍时间周期交替循环第五规律。

在一个完整的123-abc-789九浪行情中，确定789浪的终点时间固然重要，但是确定7浪的终点时间也同样重要，因为确定7浪的终点时间，将有助于回避8浪的调整。

笔者在试图确定7浪的终点时间时，发现7浪和c浪之间也存在着紧密的时间对应关系。很多时候，c浪所用时间的x倍，确定7浪的终点时间，即c确定7，如图3-38。于是就有了等倍时间周期交替循环第五规律。

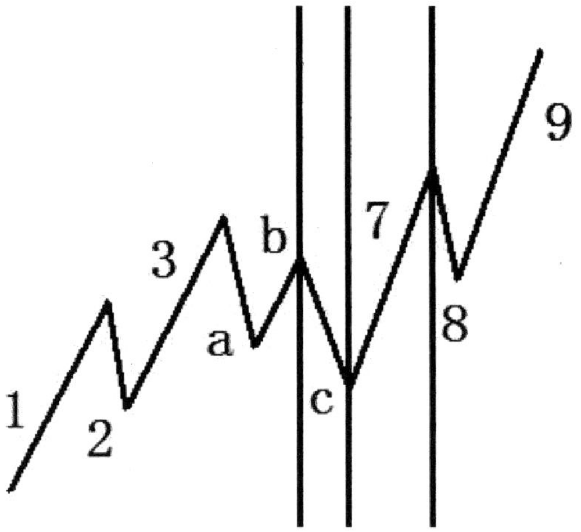

图3-38 c浪所用时间的x倍确定7浪的终点时间，即c确定7

等倍时间周期交替循环第五规律：很多时候，c浪所用时间的x倍，确定7浪的终点时间，即c确定7。

在这一规律中，x出现频率最多的是3/2和3，偶尔也会出现1、2和5/2。如果c浪所用时间太短，则该规律不再成立。

这一规律意义重大，不但可以确定7浪的终点时间，还可以确定浪与浪之间的级别关系，有助于对未来行情的分析判断。

在第二章图2-39中，西山煤电周K线图，c浪所用时间的3倍，确定7浪的终点时间，即c确定7，符合等倍时间周期交替循环第五规律。

在第一章图1-8中，沪深300指数的时间周期案例，2008年5月的高点与2008年11月低点之间所用时间的3/2倍，刚好落在2009年8月的高点上。将这一时间周期用在图3-39中，就等同于图3-39中c浪所用时间的3/2倍确定7浪的终点时间，即c确定7。

由此可以确定，从2009年8月开始，将会出现比2007年10月至2008年11月的abc陡直型调整浪次一级别的平台型调整浪，即图3-39中的8浪平台型调整浪。因此8浪平台型调整浪的终点，一般情况下不能低于2008年11月的低点。

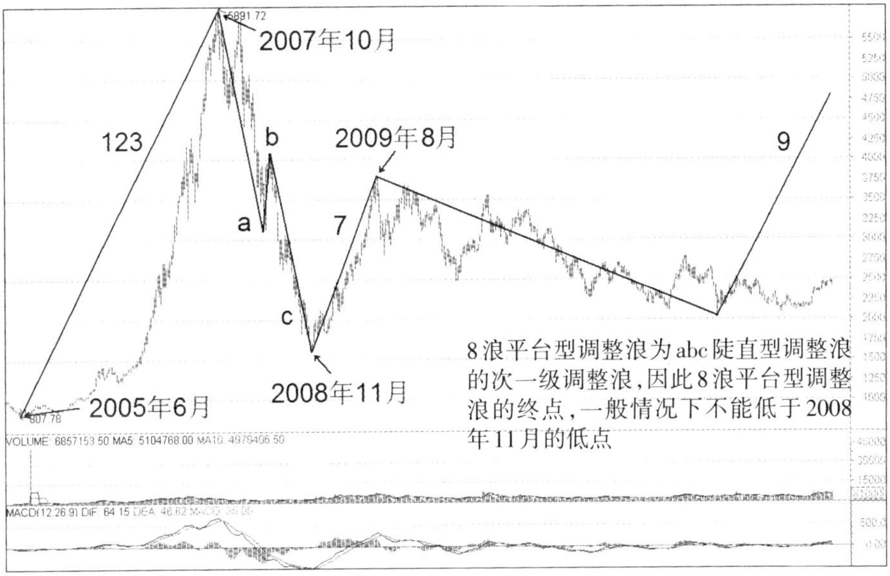

图3-39 沪深300指数周K线图

本书中常用沪深300指数进行分析。在A股市场中，沪深300指数与上证指数的走势几乎是一样的，但沪深300指数要更为精确一些。这是因为沪深300指数的成份股均为大盘股，股票成份较为单纯，且不易受到大资金的操控。

上证指数的成份股既包含了一部分大盘股，也包含了一部分中小盘股，成份较为复杂，且很多中小盘股容易受到大资金的操控。当某些中小盘股被主力资金控盘后，股票K线形态也会受到主力资金的左右，从而使波浪形态和时间周期变得不那么标准。

结合第二章图2-10上证指数季K线图波浪形态的未来发展，将上证指数以2008年10月最低点为起点，制作长期行情走势图，斗胆预测未来行情的发展走势，如图3-40。

其中7浪的终点时间，将由c浪所用时间的3/2倍及A股中若干股票的共同时间节点来确定，即在2017年6月，高度大概在8000点左右。

9浪的终点时间将由A股中若干股票的共同时间节点来确定，即在2020年3月，高度大概在12000点左右。

2020年3月，当9浪牛市结束后，将会出现陡直型调整浪大熊市。请注意，该陡直型调整浪大熊市不是比图3-40中的abc平台型调整浪高一级别的调整浪，而是比上证指数从2001年6月至2005年6月的平台型调整浪高一级别的陡直型调整浪。

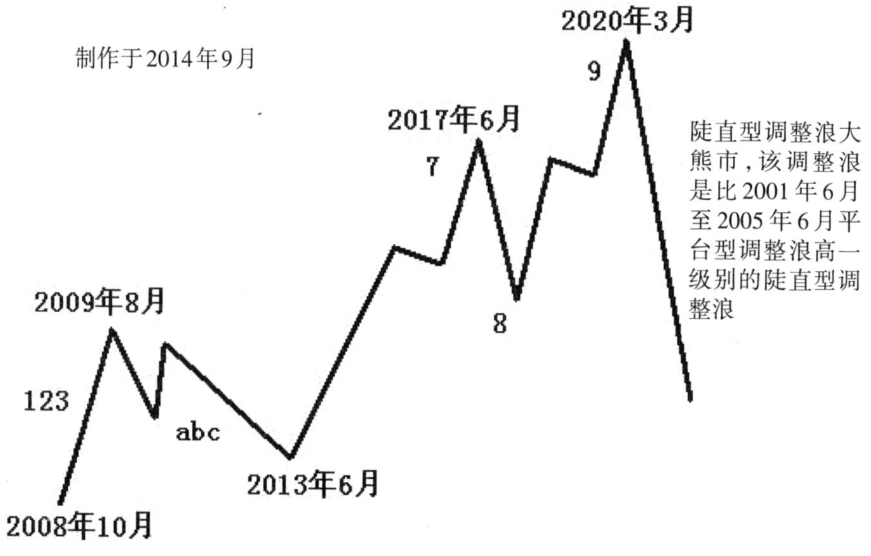

图3-40 上证指数未来波浪形态及时间周期分析预测

（三）等倍时间周期总结

以上是等倍时间周期的五大循环规律。这五大循环规律既适用于上升行情的顶点判断，也适用于单独研究调整行情时的低点判断。在判断行情未来发展走势时，还要多参考量价关系、MACD指标、通道、移动平均线等指标和方法，以提高综合判断和操作的准确性。

如何提高等倍时间周期中数值x判断的准确性，一是要多加训练，积累实战经验；二是要注意数值x在不同的循环规律中有着不同的出现频率，并且和K线形态与调整浪的时间长短有很大关系；三是要对同一股票的不同波浪阶段，或对同一市场中的不同股票，进行多次时间周期对比，寻找最有可能的见顶时间。

标准的等倍时间周期规律，往往出现在上升下跌趋势分明，走势清晰，波浪形态较好，且未被主力资金严重控盘的一些股票当中。在进行行情分析时，只要找出一部分符合时间周期规律的股票，分析出其将要出现的共同时间节点，那么这些共同时间节点，很可能就是大盘指数的见顶时间。这一点，也有些类似于数学中的方程式求解。而大盘指数的重要时间节点，也将是绝大多数股票的时间节点。由此可见，并不一定要在每只股票中都寻找到等倍时间周期才行。

在这里总结一下，如何利用类似于数学中的方程式求解方式，来确定股票或指数行情见顶的最可能时间。

一是，符合同一股票不同波浪阶段时间周期的共同时间节点，最有可能为这只股票的见顶时间。

二是，符合同一市场中不同股票时间周期的共同时间节点，最有可能为这个市场指数的见顶时间。

当然，很多时候，我们也会对时间周期判断错误，没关系，判断对方向要比判断对时间重要得多。只要方向正确，时间周期可以在行情的发展中进行逐步确认。无论何时，请记住：方向比时间更重要。

市场行情总是变化无穷的，不可能对每一只股票都能分析得十分透彻。试想，如果每只股票的走势都标准得像几何图形的话，那么这个市场中也就不存在什么秘密了。

在A股市场中，各个行业板块之间的走势，有些比较相近，有些则差别较大。如煤炭板块和有色板块就很相近，常有“煤飞色舞”之说。另外，石油、钢铁板块走势较为相近，日用化工、食品饮料、家用电器、医药等板块指数走势较为相近，化纤、化工、建材、造纸、纺织服饰、汽车等板块指数走势较为相近，通用机械、工业机械、电气设备等板块指数走势较为相近，金融板块之间也有一定的相似度。

在分析市场行情走势时，最好将各个板块指数单独分析，或者将走势相近的板块指数放在一起共同分析。因为不同板块指数叠加在一起形成大盘指数时，大盘指数就有可能同时包含了几种波浪形态和时间周期，或者更多地显示出了权重股的波浪形态和时间周期。

例如，如果细心观察深证成指，就可以发现该指数中同时包含了几种波浪形态和时间周期，每一种波浪形态和时间周期都代表了一个或者几个板块，并且所代表的板块权重相对均衡，以至于深证成指的行情走势中反复多次出现双顶和双底形态。

由此可见，有时候单纯分析大盘指数并不十分可靠。如果能先确定板块指数的行情走势，再在该板块内寻找最优质、形态最积极的股票，应该是一个相对更为合理的方法。

各个国家和地区之间，股市行情也存在着一定的联动作用，有些联动比较明显，有些联动不太明显。如香港恒生指数，在2000年以前就和欧美股市联动较为明显，在2000年以后则和大陆A股联动较为明显。

各个国家和地区的股市行情指数，有些比较容易确定时间周期，有些很难确定时间周期。当确定了一部分国家和地区股市的重要时间节点，由于联动作用，另一部分国家和地区的股市在这些时间节点的走势，也应当给予重点关注。

三、波浪时空体系的诞生

到目前为止，已经分别详细介绍了对称波浪理论和等倍时间周期，同时也列举了一部分案例，以图文结合的形式进行了验证和分析。事实上，市场中还存在着太多的案例，投资者朋友可以自己去进行实践和挖掘。

对称波浪理论和等倍时间周期是同时被发现的，它们之间是紧密结合，相辅相成，相互证明的。

没有等倍时间周期，很难产生对称波浪理论，因为无法证明对称波浪理论的正确性。一个理论只有被证明，才能称之为理论。同样，没有对称波浪理论，就不会产生等倍时间周期，因为无法在错误的波浪划分中提炼、归纳出时间周期的规律。而等倍时间周期将伴随波浪进行无限交替循环。

正是因为对称波浪理论和等倍时间周期之间联系紧密，将它们统称为波浪时空体系。

第4章 波浪时空体系与量价关系

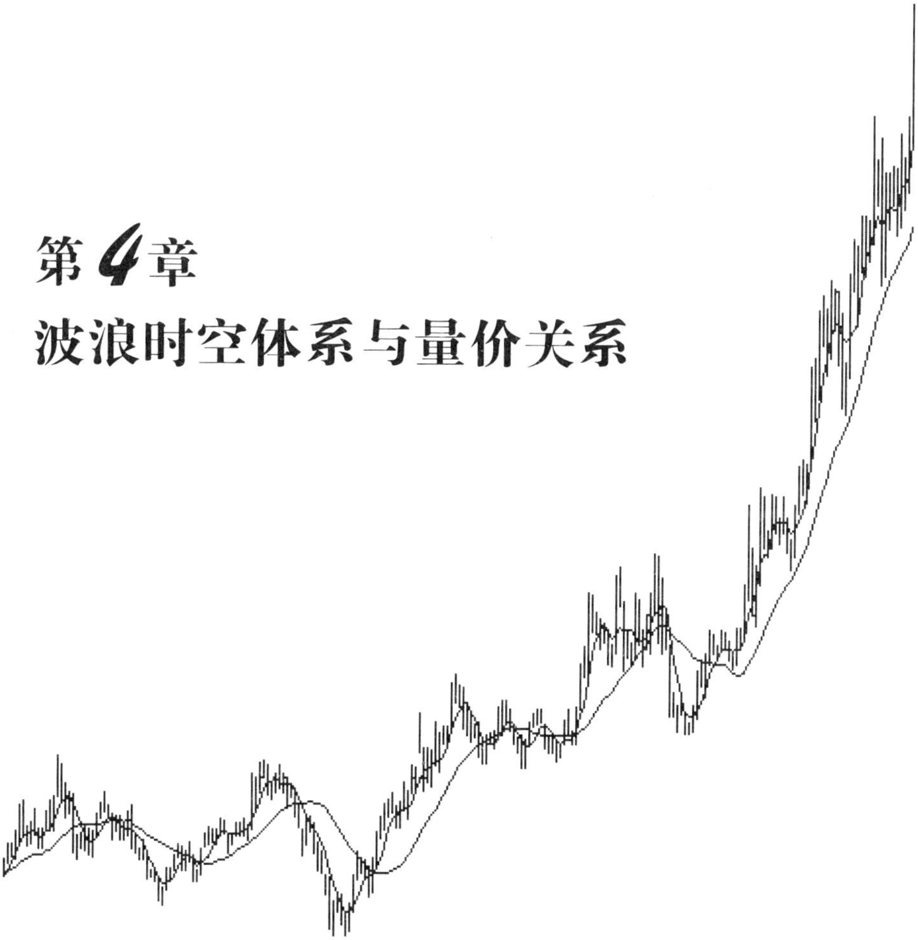

曾经有一种说法：不懂量价关系就不要炒股！由此可见量价关系在证券投资分析中的重要性。

2007年，笔者在大学时代曾做过权证高频交易，后因种种原因放弃。不久后有缘结识一位广州的权证高手，他曾在两年时间内，通过权证高频交易实现了超过100倍的收益。

笔者问他做权证最重要的是什么，需要看什么指标吗？他想了想说，量价关系！只看量价关系，其他任何指标都不看，因为其他指标所反映的情况，已经能够一眼从K线形态中看出来。笔者恍然大悟。

那的确是一个疯狂的权证时代，几只权证每天的成交量经常超过A股中一千多只股票每天的成交量。那个时代也诞生了一批短线高手，至今仍有一部分活跃在股指期货中。

在运用波浪时空体系分析行情时，仍然需要经常使用量价关系分析，量价关系可以对波浪时空体系分析起到重要的验证和补充作用。

比如当预测行情将于某一时间见顶时，假如在这个时间来到之前，市场已经出现了明显的量价关系背离形态，那么这个时间点很可能就是真正的见顶时间。假如这个时间来到之前，量价关系仍在稳步放大，呈现出量价齐升的形态，那么这个时间点就可能不是真正的见顶时间，需要重新考虑。

再比如，有些股票实在无法找到其时间周期时，这个时候量价关系以及其他判断方法，如MACD指标、通道、移动平均线等的作用就会显现出来。

当运用波浪时空体系确定的方向和时间，同时受到量价关系及其他指标和方法的支持时，能够大大提高对行情判断的准确率。

何谓量价关系？量价关系就是在市场行情发展过程中，成交量和价格之间的同步或背离关系。成交量或者说资金力量，是推动股价发展的直接动力，成交量往往先于价格表现出来。量价关系的各种表现形式，在对称波浪理论123-abc-789九浪的各个时期，都有着重要的分析意义。在九浪的不同阶段，量价关系也有着不同的特征。

一、量价关系在波浪时空体系中的表现

这里以悦达投资（600805）为例，用图文形式直观表达123-abc-789九浪与量价关系之间的相互关系。

在悦达投资日K线图从2008年11月至2011年3月的一段上升行情中，若将这段上升行情看作一个完整的123-abc-789九浪，如图4-1，从图中可以看出，在完成这段上升行情的过程中，量价关系同时也经历了以下几个阶段。

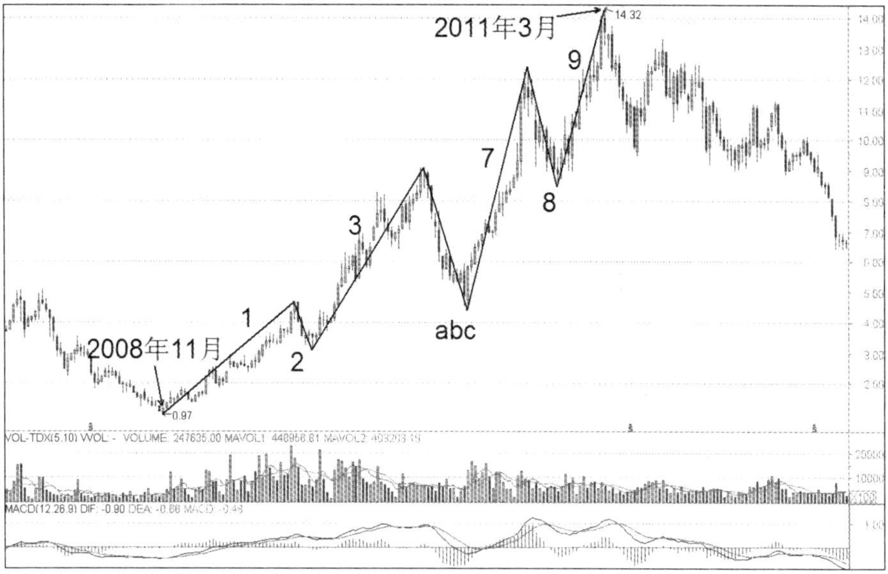

图4-1 悦达投资日K线图，九浪波浪形态与量价关系

1浪阶段：股价开始触底回升，成交量逐级放大，股价稳定上升，形成量价齐升的形态。在这个阶段随时可以买入，因为这只是上升行情的开始。

2浪阶段：当1浪持续上升到某个时间节点时，出现一波短暂的2浪缩量调整。1浪上升的过程中，由于成交量一直在放大，所以市场行情远远没有结束，在2浪的短暂回调期间，仍然是买入的良机。

3浪阶段：经过2浪的短暂缩量调整后，股价迅速转头向上，开始3浪上升。在3浪上升过程中，成交量开始逐渐萎缩，出现顶背离现象。当成交量萎缩至1浪成交量高峰的1/3时，股价迅速下跌，随即出现陡直型abc调整浪。

abc浪阶段：在abc调整浪下跌过程中，主要表现为缩量下跌，表明市场卖量不足，大多数投资者仍在持股看涨，后市有望继续上升。

7浪阶段：当abc调整浪的成交量实在无法继续萎缩，惨淡的卖空力量已经无法再将股价向下压得更低时，成交量在某一天再次迅速放大，价格快速回升。7浪阶段的成交量，与3浪阶段的成交量大致保持在同一个水平，即表现为量平价增，表明接下来的行情仍有上升空间。在7浪的后半段，随着股价的上升，成交量再次出现萎缩，表明市场的上攻愿望已不强烈，行情只是依靠趋势惯性仍在上升。

8浪阶段：当7浪运行到某个时间节点时，股价出现短暂下跌，即8浪调整。这一阶段仍然表现出量缩价跌状态。

9浪阶段：经过8浪的短暂缩量调整后，成交量开始小幅回升，同时股价也开始缓慢上升。此时投资者心理已经非常谨慎，市场向上的力量十分脆弱，上升趋势越来越缓，出现了严重的顶背离现象，下跌行情一触即发。当9浪的成交量再次萎缩至整个九浪期间成交量高峰的1/3时，成交量终于再也无法支持股价上升，市场开始持续调整。

二、量价关系对行情顶部的判断

从图4-1中可以看到，当行情在上升过程中出现顶背离现象时，并不表示马上就要下跌，而是一种警示，有时顶背离现象会伴随着股价上升持续很长一段时间，只有当成交量萎缩到不能再支持股价的上升，即出现严重的顶背离现象时，行情才会转头向下。

所谓严重的顶背离，一般是指成交量萎缩至高峰期的1/3甚至更低，股价上升斜率日益放缓，行情摇摇欲坠，下跌行情一触即发。笔者在对量价关系的长期应用中也发现，成交量通常萎缩至高峰期的1/3时，股价开始下跌。

在对称波浪理论123-abc-789九浪的各种变化形态中，成交量高峰往往出现在长升浪形态或者急升浪形态中。

在图4-1中，123浪为长升浪，因此在123浪的前半段，即1浪末期，就已经达到了成交量的高峰。

同样，在一些股票的上升行情中，若789浪为长升浪，往往在789浪的前半段，即7浪末期，达到成交量的高峰。

当然，并不是所有的行情都是在上升行情末期出现成交量的持续萎缩。对称波浪理论的变化形态中指出，若123浪和789浪中一方为缓升浪，则另一方往往为急升浪。某些行情走势中，若123浪上升缓慢且持续时间较长，之后经过abc浪的短暂调整，接下来在789浪阶段，常常会产生急升浪行情，成交量急剧放大，股价快速上升，而股价就在成交量急剧放大过程中到达顶点，接着开始持续下跌。这表明市场长期积蓄的上升动能，已在短时间内迅速释放完毕，股价没有了上升动能，下跌不可避免。

如图4-2，中钢天源（002057）周K线图。从2008年11月开始的一波上升行情中，123浪为缓升浪，789浪为急升浪。789浪阶段，股价迅速上升，成交量急剧放大，市场长期积蓄的上升动能，在短时间内迅速释放完毕，股价没有了上升动能，行情即将开始下跌。

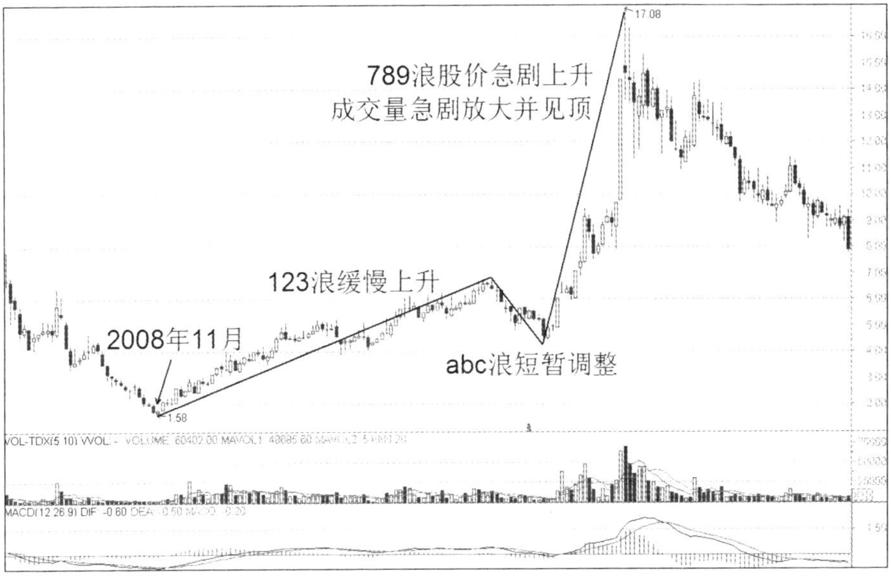

图4-2 中钢天源周K线图

成交量持续稳定增加，股价持续稳定上升，是在积蓄上升动能，后市仍要继续上升。成交量急剧放大，股价急剧上升，则是在释放上升动能，后市即将开始下跌。

三、量价关系对行情底部的判断

成交量是股价上升、下跌的直接动力，代表了市场人气旺盛与否，以及人们的心理趋向等各方面的因素。一只股票在下跌的过程中，往往伴随着持续的缩量。缩量表明投资者在大跌过后不愿离场的纠结心理。实际上，缩量之后还有可能更加缩量，到底何时才是底部呢？因此，在寻找底部的时候，一定要慎之又慎。

在下跌行情中，如果时间周期明显，那么对底部的判断就很简单，只要在行情底部可能出现的时间点上，九浪已经结束并且成交量极度萎缩，那么行情底部很可能已经产生。如果无法确定时间周期，九浪又不太容易确定，只有等到成交量持续萎缩之后，又出现成交量持续放大，才有较大可能确认底部。

底部放量上升，是股价积蓄充足能量，摆脱漫长下跌的重要条件。此时，应多结合MACD指标、通道、移动平均线等指标和方法进行综合判断。

很多时候，当行情在底部区域出现量价齐升后，接着又出现一个缩量下跌，这个时候往往是底部的最佳买点。如图4-3，上证指数周K线图。行情在底部区域出现量价齐升，接着股价小幅下跌，同时成交量再度萎缩，底部确认，形成最佳买点。

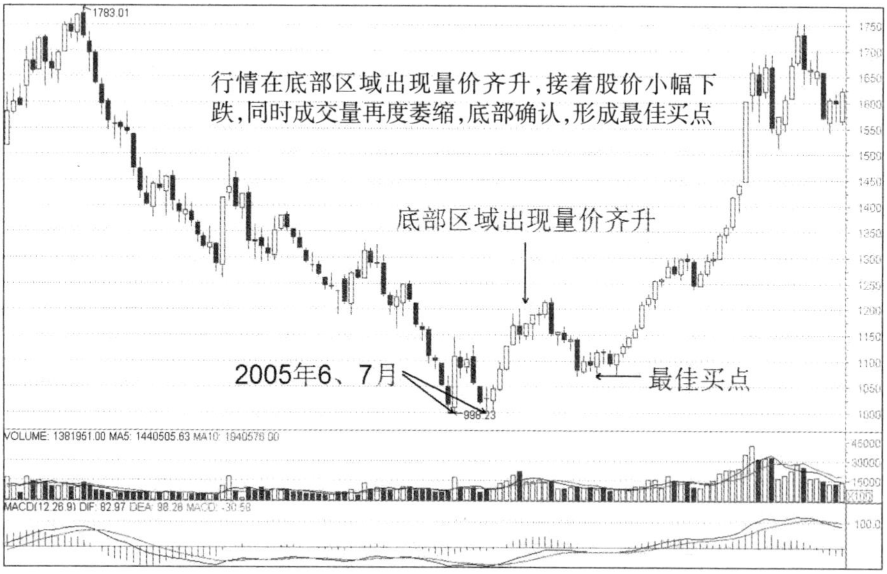

图4-3 上证指数周K线图

成交量在判断市场行情大顶或大底的时候，发挥着非常重要的作用。在顶部和底部区域，无论是双重顶还是双重底形态，趋势的反转往往都是伴随着右顶或者右底成交量萎缩形成的，这表明市场力量已经无力支持原来的趋势走向，行情即将产生反转。

头肩顶或者头肩底形态中也是一样，趋势的反转往往都是伴随着右肩成交量的萎缩而形成的。不同的是，当从底部产生反转时，成交量迅速放大这一因素更为重要。

在顶部向下反转时，成交量一般也会放大，但并不是必要条件，有时只是在向下跌破重要支撑线的时候出现成交量放大，这是由于人们产生“落袋为安”的心理。导致顶部行情向下反转，总是要比底部行情向上反转来得更为容易。

第5章
波浪时空体系与MACD指标

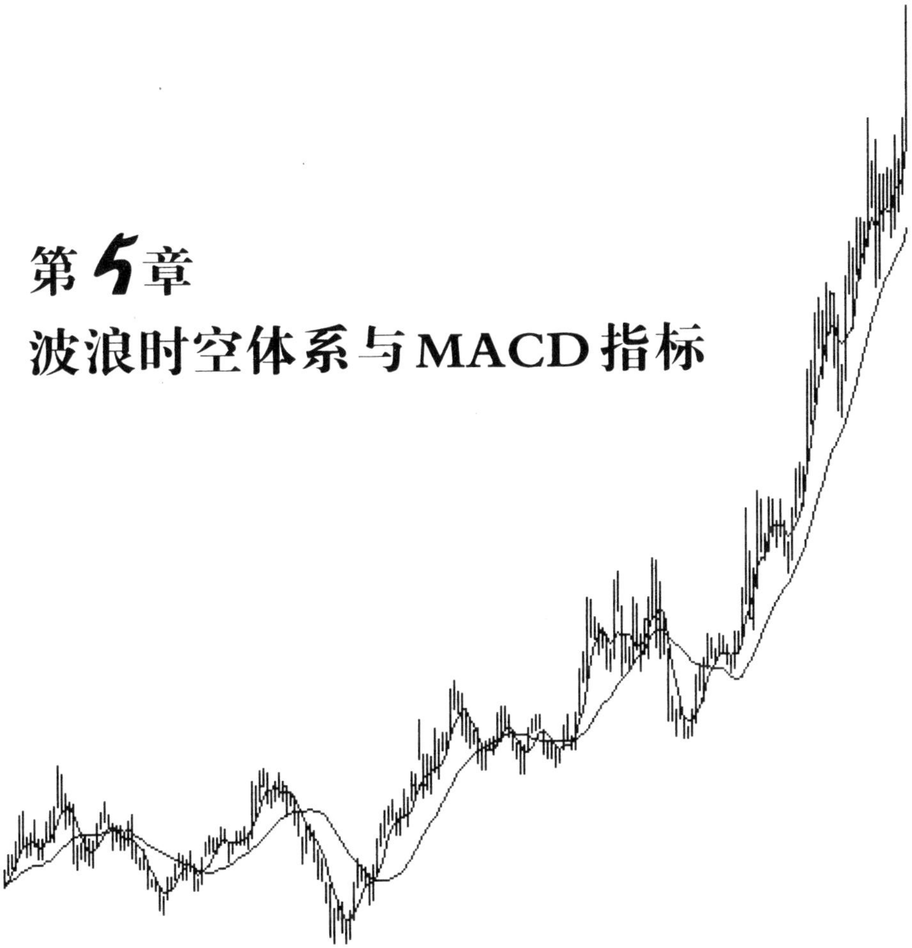

MACD指标也是投资者常用的行情判断指标之一。在使用波浪时空体系进行市场行情判断时，与量价关系类似，MACD指标也可以作为一种重要的对照验证指标来看待。

若波浪时空体系确定的趋势方向和时间周期得到了MACD指标的支持，则会大大提高操作的成功率。若波浪时空体系确定的趋势方向和时间周期与MACD指标不配合，则可能是判断出现了问题，这个时候操作应当慎重。

何谓MACD指标?

1979年，美国的杰拉德·阿佩尔(Gerald Appel)和福雷德·海期尔(Fred Hitschler)，在移动平均线基础上发明了MACD指标。MACD指标就是指数平滑异同平均线，主要由DIF和DEA两条线的相互运动以及对0轴的穿越而形成，后来又加入了红绿色能量柱。

DIF是短期移动平均线和长期移动平均线之差。DIF线上行，表示短期成本增加高于长期成本增加，也就是股价上涨；DIF线下行，表示短期成本增加低于长期成本增加，也就是股价下跌。DEA线是由DIF线平滑移动得来的，因此必然伴随着DIF线的运动而运动，并且它比DIF线运动更为平滑一些。

一、顶背离和底背离

顶背离：MACD顶背离一般出现在股价高位区。当K线图上的股价还在上涨，而MACD指标上的红柱一峰比一峰低，DIF和DEA双线不升反降，称之为顶背离。顶背离现象一般是预示股价在高位将要下跌的信号。

底背离：MACD底背离一般出现在股价低位区。当K线图上的股价还在下跌，而MACD指标上的绿柱一底比一底高，DIF和DEA双线不降反升，称之为底背离。底背离现象一般是预示股价在低位将要上升的信号。

下面以青岛海尔（600690）为例，观察MACD指标顶背离、底背离与行情发展的关系。

在青岛海尔2007年9月开始的一段下跌行情周K线图中，如图5-1，当下跌行情到达2008年10月的底部位置之前，在9浪阶段出现了明显的底背离现象：股价仍在持续下跌，但是MACD指标上的绿柱一底比一底高，并且向上翻为红柱，DIF和DEA双线不降反升，随后股价开始转头向上。

图5-1 青岛海尔周K线图

接着，青岛海尔的股价从2008年10月开始上升，如图5-2。2009年12月到达3浪高点时，DIF和DEA双线一直在持续向上。之后，经过abc浪一段时间的调整，行情再次转头向上，但上升速度明显放缓。

当行情再次到达2011年3月的9浪高点时，股价已经创出新高，但DIF和DEA双线却比前期高点时要低，且呈现持续下降的走势，这时候就产生了MACD指标顶背离现象，预示股价将要下跌。

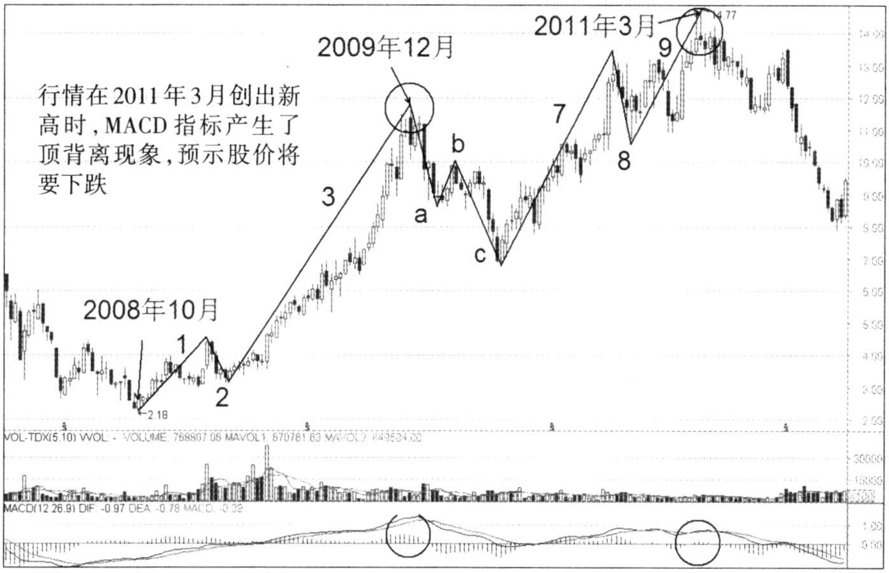

图5-2 青岛海尔周K线图

对市场行情的实际观察中发现，很多时候，MACD指标的顶背离要比底背离更为可靠。股价在高位时，通常只要出现一次顶背离，股价就有较大可能即将下跌。股价在低位时，有时出现一次底背离之后，还会出现第二次、第三次底背离。前面讲过，由于人们“落袋为安”的心理作用，造成市场行情见顶下跌，总是要比触底上升容易得多。

如图5-3，沪深300指数日K线图。从2007年10月开始至2008年11月的陡直型熊市行情中，MACD指标连续出现了多次底背离，而行情仍在一路下跌。在这个过程中抄底的投资者，基本都逃脱不了被套的结局。

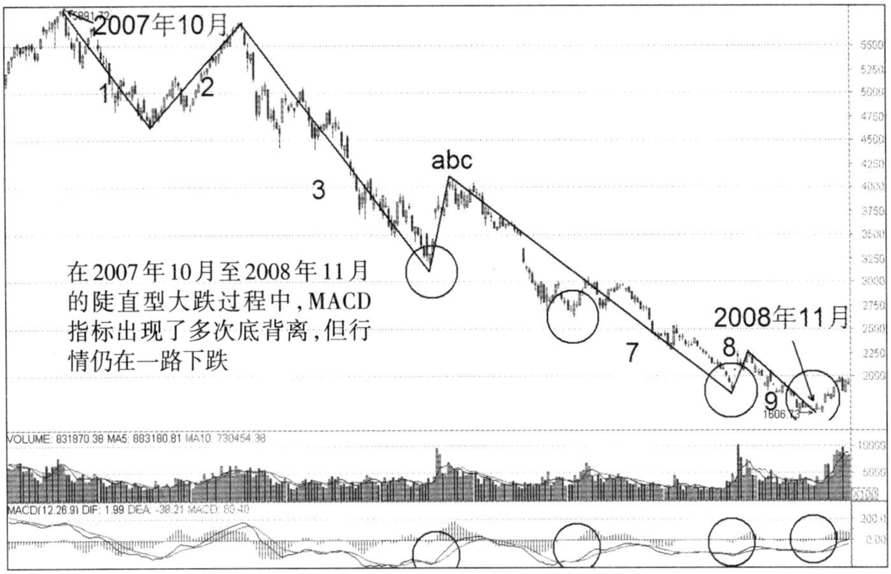

图5-3 沪深300指数日K线图

如果将图5-3中的沪深300指数日K线图换为周K线图，如图5-4，此时再判断底背离现象就容易得多。

从图5-4中可以看到，当沪深300指数行情到达2008年11月之前，DIF和DEA双线一直在下降，并没有出现底背离。直到2008年11月，MACD指标DIF和DEA双线才发生金叉，绿柱开始翻红。由此可见，如果同时使用日K线图和周K线图上的MACD指标对行情进行确认，就更容易避免过早抄底的情况发生。

在判断大级别行情的反转时，使用周K线上的MACD指标更为准确。

图 5-4 沪深300指数周K线图

二、二次金叉和二次死叉

DIF线和DEA线在相互运动过程中会产生交叉现象，DIF线由下向上穿越DEA线称为金叉，DIF线由上向下穿越DEA线称为死叉。

金叉一般为下跌行情即将转为上升行情的信号，死叉一般为上升行情即将转为下跌行情的信号。但有时候当行情发生金叉或者死叉后，行情经过短暂调整后，又继续按照原趋势方向运行。在这种情况下，一次金叉和一次死叉对行情反转的判断失效。

当行情发生二次金叉和二次死叉时，要比一次金叉和一次死叉对行情反转判断的确定性更高，这个时候操作应当果断。

如图5-5，爱康科技（002610）日K线图。从2014年2月开始的一段下跌行情中，当行情到达9浪末端时，DIF和DEA双线发生第一次金叉。此后不久又发生第二次金叉，且第二次金叉高于第一次金叉。二次金叉出现时可立即入场，表明股价即将开始上升。

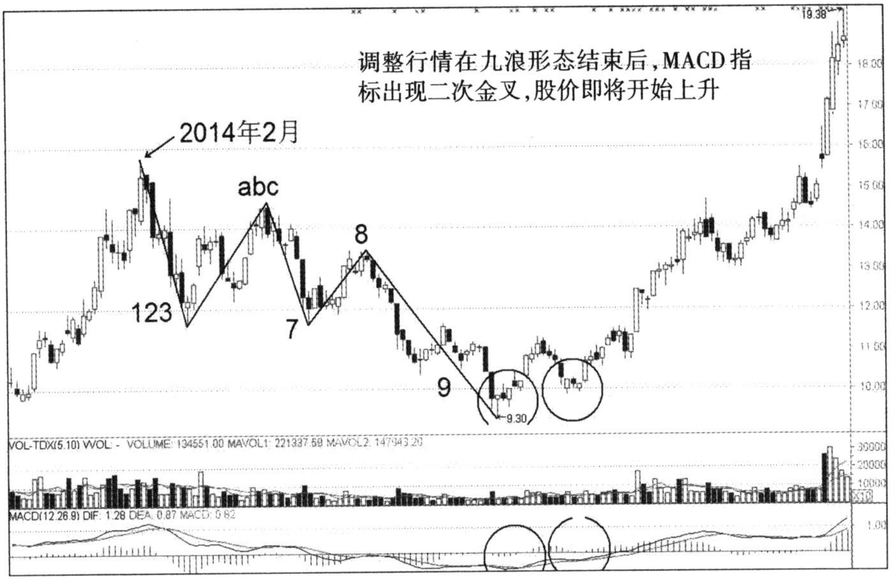

图5-5 爱康科技日K线图

如图5-6，恒星科技（002132）周K线图。从2008年10月开始的一段上升行情中，123浪缓慢上升，经过abc浪的短暂调整之后，789浪出现了急升浪行情。当到达9浪末端时，DIF和DEA双线仍在继续上升，并未出现顶背离形态，只是发生了第一次死叉。

经过小幅下跌后，盘中股价出现微弱反弹，此时DIF和DEA双线却仍在持续下降，同时发生第二次死叉。二次死叉出现时要迅速离场，表明股价即将开始下跌。

图5-6中的二次死叉现象，也可以看作是789急升浪上升行情结束后，在下跌初期出现的特殊顶背离形态。也就是说，股价并

没有创出新高，但伴随着股价的缓慢上升，DIF和DEA双线仍在持续下降，后市看跌。

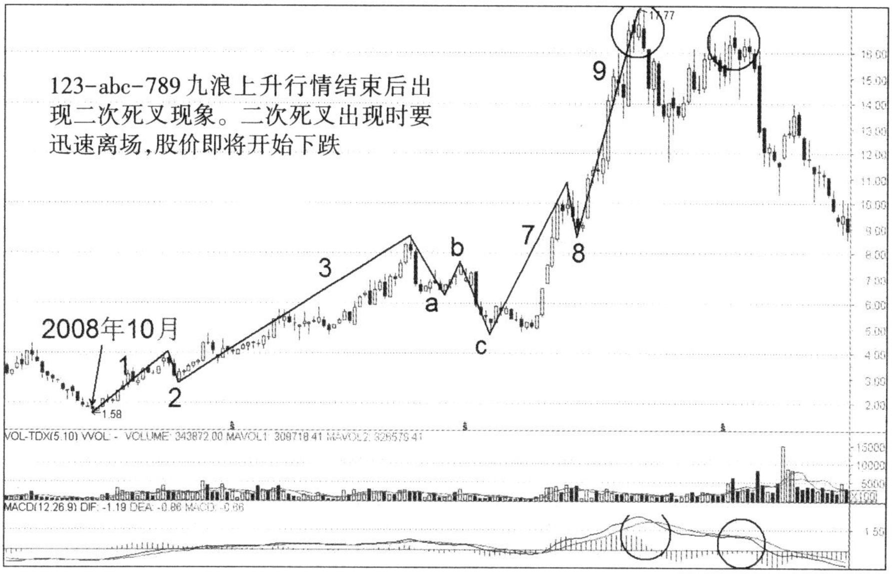

图5-6 恒星科技周K线图

二次金叉之所以比一次金叉确定性更高，是因为在出现第一次金叉时，空方仍然会继续反扑。当出现第二次金叉时，说明空方反扑无力，空方力量已经消耗殆尽，接下来股价更容易上涨。

同理，二次死叉之所以比一次死叉确定性更高，是因为在出现第一次死叉时，多方仍然会继续进攻。当出现第二次死叉时，说明多方进攻无力，多方力量已经消耗殆尽，接下来股价更容易下跌。

第6章 波浪时空体系与通道

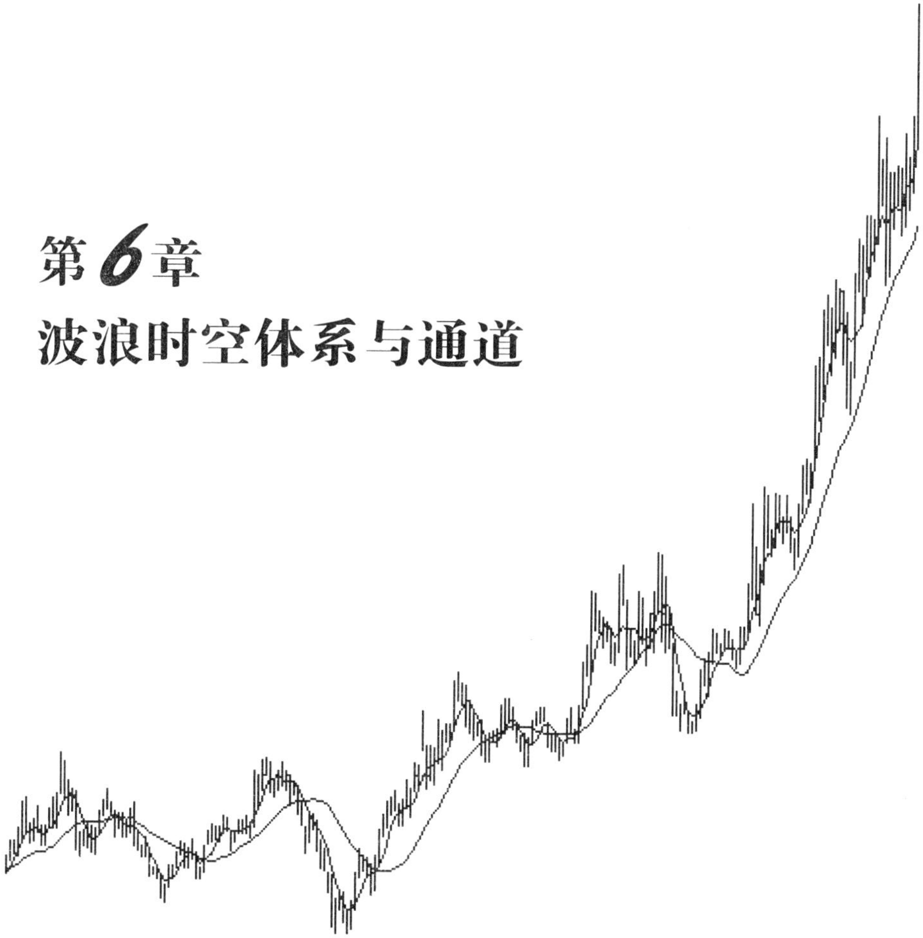

无论在股市、期市还是外汇市场中，通道都占有十分重要的分析地位。在运用波浪时空体系进行市场行情分析时，通道也是一种重要的对照验证方法。学习如何使用通道对行情进行分析，在实际操作中具有重要意义。

什么是通道？通道就是以支撑线或压力线为基础，在某一点位划一条平行线，形成的向上或者向下的通道，称为上升通道或下降通道。在这里，通道是指两条平行的支撑线和压力线中间的管道。有些行情的支撑线和压力线之间并不平行，也有人称其为非平行通道。在本书中，只是称其为支撑线和压力线，其实道理都是一样的。

一、支撑线、压力线和突破

如图6-1，电气设备板块指数（880446）周K线图。从2008年1月开始的一段下跌行情中，可以看出其中明显的支撑线和压力线。行情每当碰到支撑线时都会引发反弹，每当碰到压力线时又会迅速下跌。

图中细线表示波浪线，粗线表示支撑线和压力线，下同。

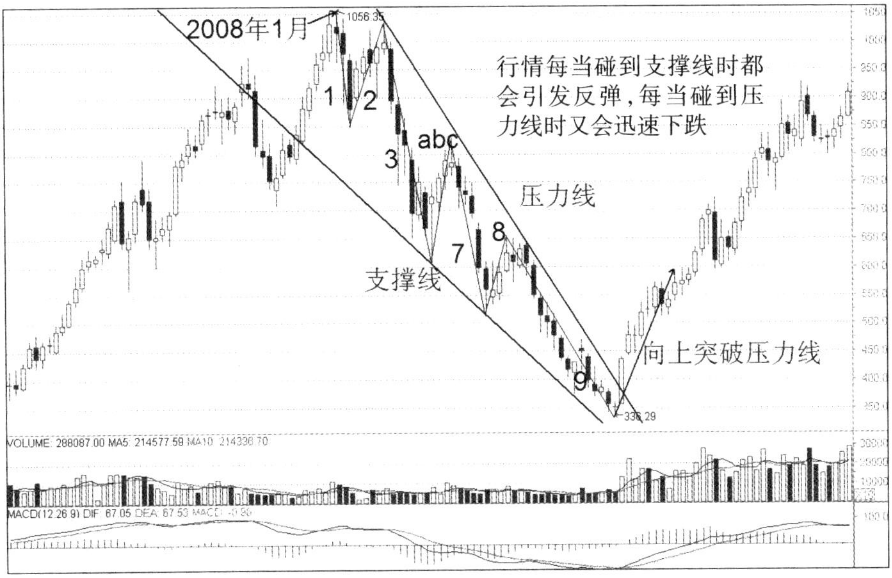

图6-1 电气设备板块指数周K线图

在长期下跌行情中，如果向上突破压力线，往往会产生一波较大的上升行情。在图6-1中，指数向上突破压力线时，整个123-abc-789九浪已经结束，接着产生较大级别的上升行情。

同样，在长期上升行情中，如果向下突破支撑线，往往也会产生较大级别的下跌行情。如图6-2，万向钱潮（000559）周K线图。从2008年10月开始的一段上升行情中，股价跌破图中的支撑线时，整个123-abc-789九浪已经结束，接着产生较大级别下跌行情。

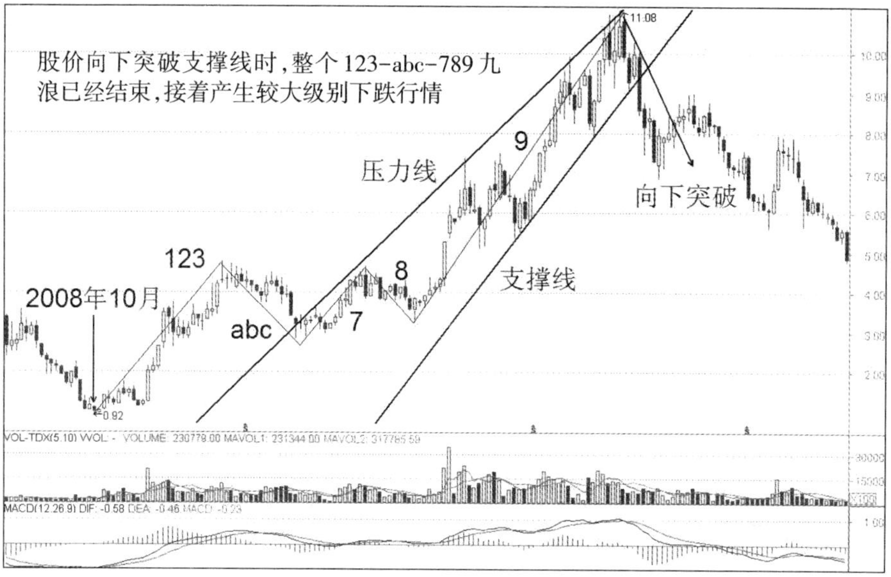

图6-2 万向钱潮周K线图

当股价突破支撑线或压力线后，所产生行情的级别大小，也应当由所处的波浪位置来确定。因此在对市场行情进行支撑线和压力线分析时，一定要先认清行情的波浪形态。

当股价突破支撑线或压力线后，行情的未来走向也不一定就与突破的方向完全一致，有些情况下，也会出现与突破方向相反的情况，具体如下。

在长期上升行情中，如果向下突破支撑线，表明后市即将开始下跌。如果向上突破压力线，则可能是多头力量的最后释放，预期后市也会很快转头下跌。

在长期下跌行情中，如果向上突破压力线，表明后市即将开始上升。如果向下突破支撑线，则可能是空头力量的最后释放，预期后市也会很快转头上升。

二、通道的基本用法

如何画出一段行情的通道？

画下降通道时，应当先以下跌行情中的两个重要低点画一条支撑线，再以一个重要高点为关键点，画一条与支撑线平行的压力线，便形成了一个平行的下降通道。

画上升通道时，应当先以上升行情中的两个重要高点画一条压力线，再以一个重要低点为关键点，画一条与压力线平行的支撑线，便形成了一个平行的上升通道。

通道确认行情反转的概率，要高于单条支撑线或压力线确认行情反转的概率。

如图6-3，电气设备板块指数周K线图。从2010年12月开始的一段下跌行情中，先以123浪终点和7浪终点画一条支撑线，再以abc浪终点为关键点，画一条与支撑线平行的压力线，便形成了一个平行的下降通道。当下跌行情逐渐贴近下降通道的上轨时，预示指数很快会向上突破，并且突破后将出现连续上升行情。

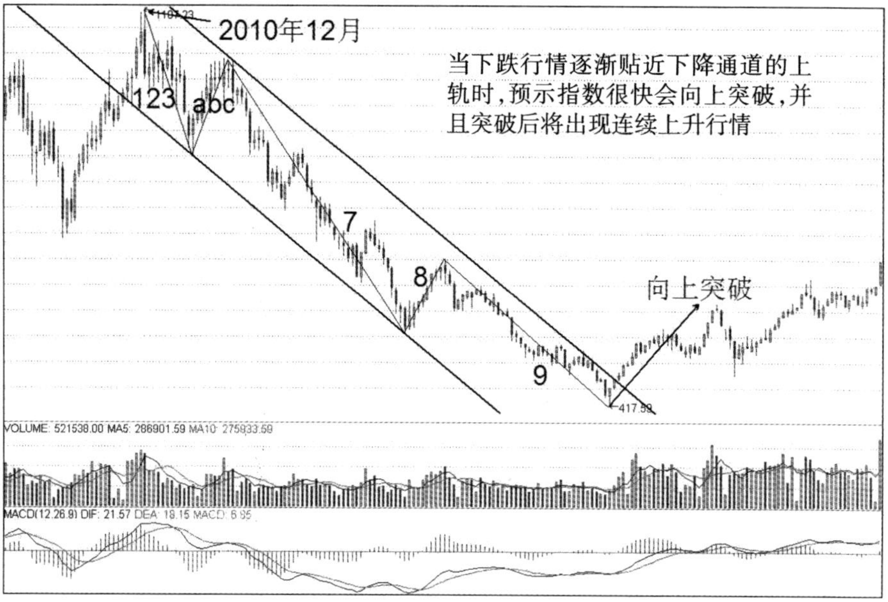

图6-3 电气设备板块指数周K线图

如图6-4，亿晶光电（600537）周K线图。从2008年11月开始的一波上升行情中，先以1浪终点和9浪终点划一条压力线，再以abc浪终点为关键点，画一条与压力线平行的支撑线，便形成了一个平行的上升通道。

在画这个上升通道时，出现了一个难题，即当9浪未结束之前，无法确定该通道的上轨。这种情况在画通道时经常会遇到，这也正是通道分析方法的缺陷所在。我们应当理解，每一种判断指标和分析方法都是有它的缺陷的。

当行情到达9浪顶点，即上升通道的上轨时，股价迅速转头下跌，并直接跌破该通道的下轨。跌破下轨后，行情又回踩到下轨位置，之后持续下跌。

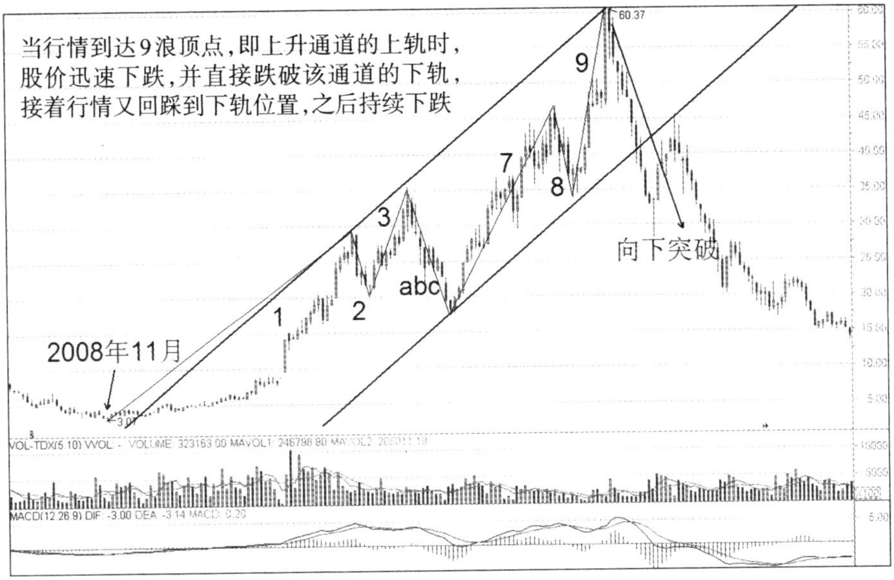

图6-4 亿晶光电周K线图

当股价突破通道后，与突破单条支撑线或压力线相似，所产生行情的级别大小，应当由所处的波浪位置来确定。

同样，当股价突破通道后，与突破单条支撑线或压力线相似，行情的未来走向也不一定就与突破的方向完全一致，有些情况下，也会出现与突破方向相反的情况，具体如下。

在长期上升行情中，如果向下突破上升通道下轨，表明后市即将开始下跌。如果向上突破上升通道上轨，则可能是多头力量的最后释放，预期后市也会很快转头下跌。

在长期下跌行情中，如果向上突破下降通道上轨，表明后市即将开始上升。如果向下突破下降通道下轨，则可能是空头力量的最后释放，预期后市也会很快转头上升。

三、贴近与回踩

从图6-3和图6-4中，可以看到有两种突破通道的情况。

一种情况是在图6-3中，当下跌行情逐渐贴近下降通道的上轨并一举突破后，开始了连续上升行情，没有发生回踩。

另一种情况是在图6-4中，当上升行情以距离通道的下轨很远的位置直接向下突破上升通道下轨时，突破后又很快回踩到下轨位置，之后才一路向下。

一般情况下，当长期下跌行情逐渐贴近下降通道的上轨时，往往会突破上轨，且突破后通常不发生回踩。当下跌行情以距离下降通道上轨很远的位置直接突破上轨时，则通常发生回踩。

同样，当长期上升行情逐渐贴近上升通道的下轨时，往往会突破下轨，且突破后通常不发生回踩。当上升行情以距离上升通道的下轨很远的位置直接突破下轨时，则通常发生回踩。

这一点，在突破单条支撑线或压力线时，情况也类似。

当长期下跌行情逐渐贴近压力线时，往往会突破压力线，且突破后通常不发生回踩。当下跌行情以距离压力线很远的位置直接突破压力线时，则通常发生回踩。

同样，当长期上升行情逐渐贴近支撑线时，往往会突破支撑线，且突破后通常不发生回踩。当上升行情以距离支撑线很远的位置直接突破支撑线时，则通常发生回踩。

简单总结为两点：一是贴近突破不回踩，二是非贴近突破则回踩。

原因分析：贴近突破不回踩，是因为在贴近过程中，市场已经积蓄了充分的突破动能，因此，突破后市场行情往往能够持续向突破方向运行。非贴近突破则回踩，是因为从远离到突破的过程中，已经将突破动能消耗殆尽，市场需要回踩以重新积蓄动能。

再举一个例子。如图6-5，上证指数周K线图，从2007年10月开始的大跌过程中，如果单纯使用MACD指标，很难找到较好的买入点，改用通道方法就容易判断多了。

先以图中的1浪终点和3浪终点画一条支撑线，再以2浪终点为关键点，画一条与支撑线平行的压力线，便形成了一个平行的下降通道。在此期间，行情一直在向下延伸并未突破，直到9浪逐渐贴近通道上轨时，才开始突破，且突破后不发生回踩，一路向上。

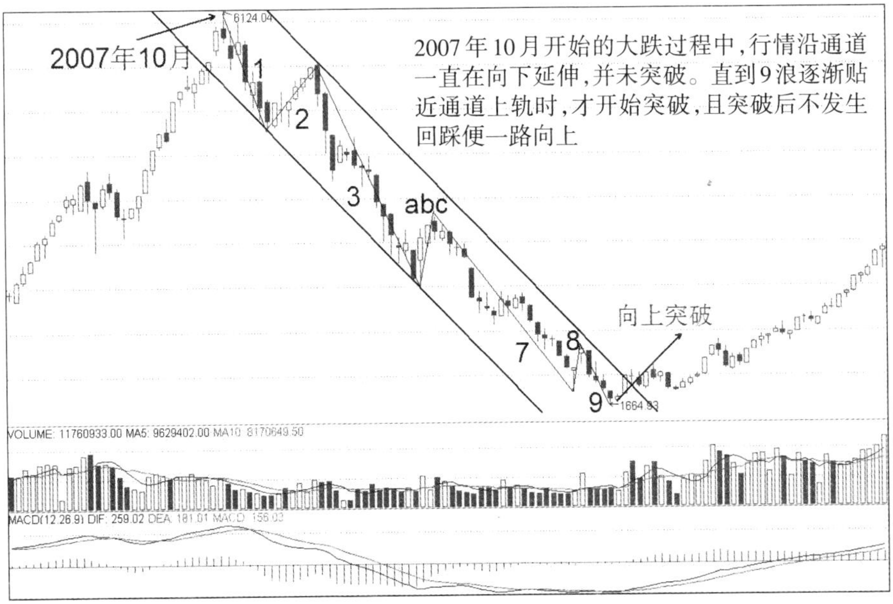

图6-5 上证指数周K线图

第7章
波浪时空体系与移动平均线

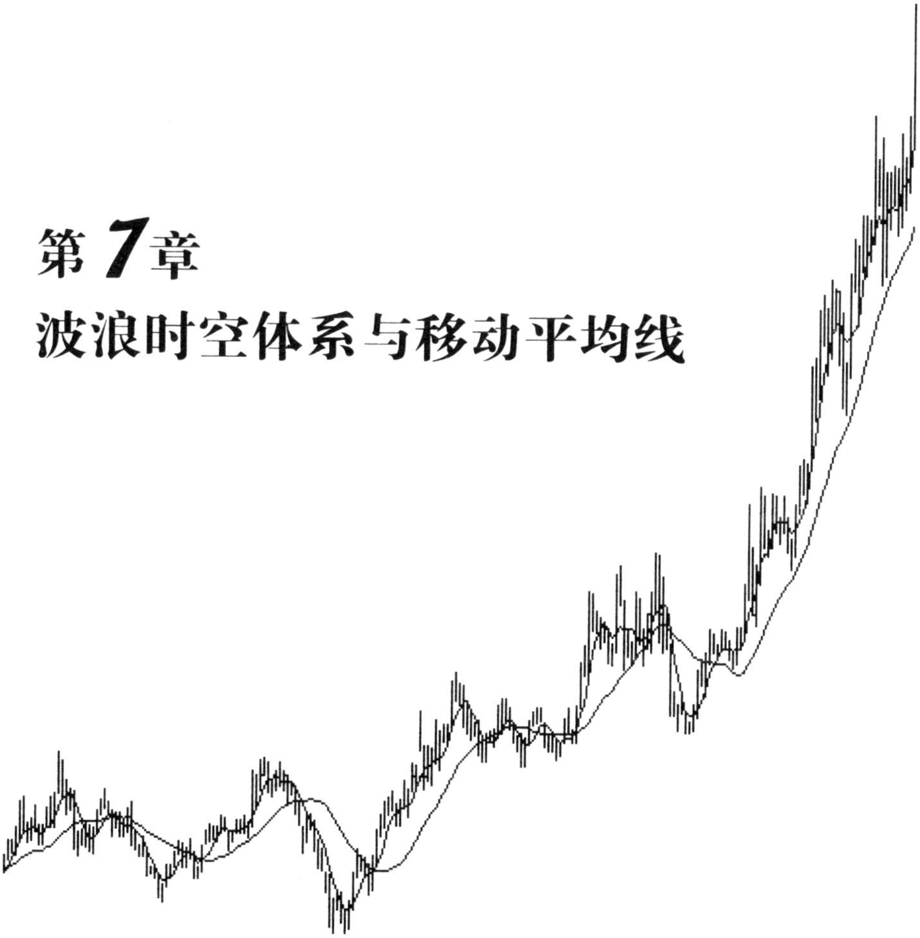

作为金融市场中一种重要的技术分析方法，移动平均线深受广大投资者的喜爱。在市场行情实际观察中，移动平均线在趋势判断方面有其独到之处。下面结合波浪时空体系，简要介绍一下移动平均线的用法。

何谓移动平均线？移动平均线英文全称为Moving Average，简称MA，是由美国投资家葛兰威尔（Joseph E.Granville）于20世纪中期提出来的。移动平均线和道氏理论有着很深的渊源。道氏理论是技术分析的鼻祖，移动平均线则是将道氏理论数字化，从数字的变动中来反映股价短期、中期和长期变动方向的方法。

移动平均线的数字化方法为：利用统计学原理，对每天的股价予以平均，剔除其中不规则的波动，连接成平滑的曲线，以判断股价未来的走势。

移动平均线的计算方法通常有算术平均法、加权平均法和指数平滑移动法三种。

一、移动平均线常用参数设置

在日K线上，移动平均线常用的有5日、10日、30日、60日、120日和240日均线等。其中5日、10日均线为短期移动平均线，是短线操作的参照指标；30日、60日均线为中期移动平均线，是中线操作的参照指标；120日和240日均线为长期移动平均线，是长线操作的参照指标。另外，60日、120日和240日均线还分别称为季线、半年线和年线。

实际上，若将这些均线全部反映在日K线图中，则显得太过凌乱，不便于观察。通常情况下，在日K线图上只使用30日均线、60日均线（季线）和120日均线（半年线）对行情进行观察。如图7-1，上证指数日K线图。

其实使用哪几条均线组合，这一点见仁见智。一般来说，对不同级别的行情进行观察，可以根据情况使用不同的均线。如有的投资者就习惯使用10日均线、30日均线和60日均线对短期行情进行观察。

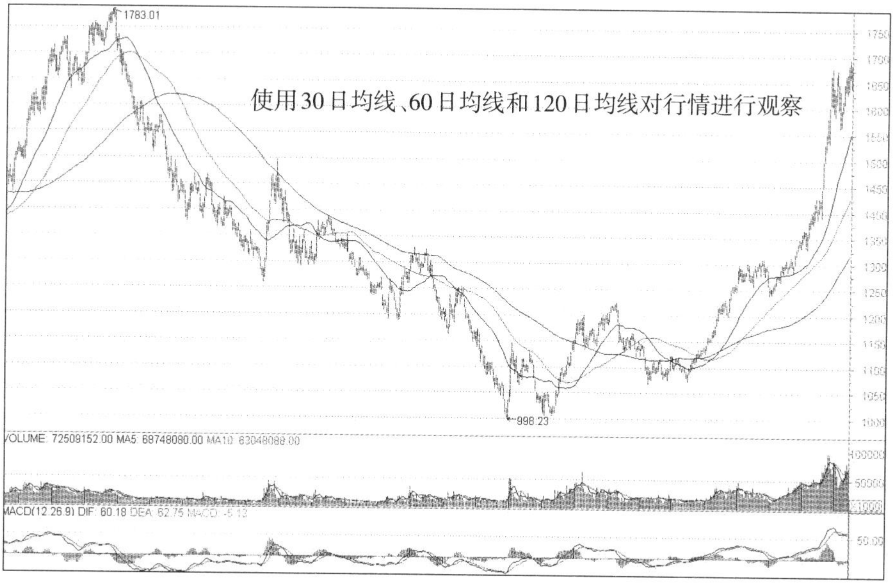

图7-1 上证指数日K线图

同样，在周K线图上，通常情况下，只使用12周均线（季线）和48周均线（年线）对行情进行观察。如图7-2，深证综指周K线图。

周K线图一般只用来观察和判断长期趋势，或者作为对日K线图的一种验证补充来使用。

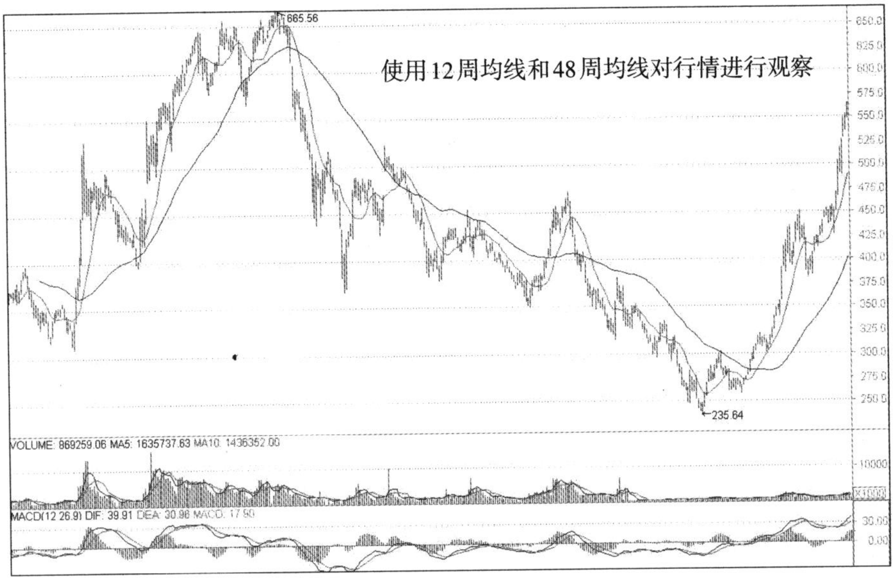

图7-2 深证综指周K线图

如果有必要的话，也可以对月K线图设置移动平均线进行观察。在对月K线图进行移动平均线观察时，一般只使用12月均线（年线）一条线。其实很少会用到月K线图的移动平均线，因为年线已经完全可以在周K线图中使用到。

二、压制与支撑

当行情从下向上接近一条重要的移动平均线时，这条移动平均线将会对行情产生压制作用。同样，当行情从上向下接近一条重要的移动平均线时，这条移动平均线将会对行情产生支撑作用。这一点有些类似于压力线和支撑线。

在实际观察中，半年线（120日均线）和年线（240日均线或48周均线）对行情的压制和支撑作用最为明显，同时也最为重要。

半年线又常称为生命线，在熊市中会对行情产生压制，在牛市中会对行情产生支撑。当行情有效跌破半年线后，预示着熊市可能要来临；当行情站稳半年线后，预示着牛市可能要来临。

年线又常称为牛熊市，有效跌破年线，通常认为是熊市确认；站稳年线，通常认为是牛市确认。

下面以银行板块指数（880471）日K线图为例，来看一看移动平均线的压制和支撑作用，如图7-3。

图中的单条均线为120日均线，即半年线。在牛市过程中，120日均线对行情起到了持续的支撑。在熊市过程中，120日均线对行情起到了持续的压制。

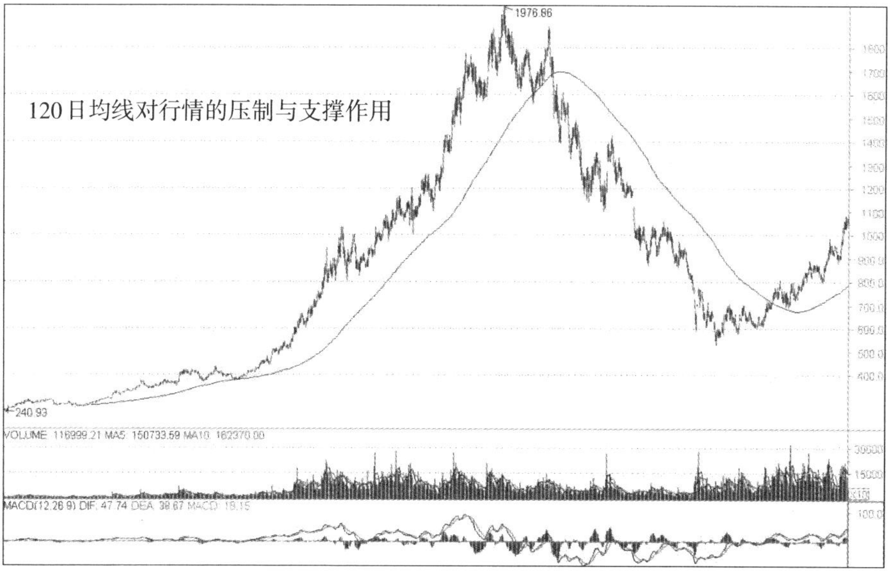

图7-3 银行板块指数日K线图

在使用移动平均线的过程中，还要注意与对称波浪理论相结合，这样才能提高对行情趋势判断的准确性。以120日均线为例，有些时候行情已经有效跌破120日均线，理论上意味着行情可能会发生反转，但这也很可能是对称波浪理论九浪形态中的abc调整浪下跌较为明显引起的，接下来行情仍然会继续上升。

如图7-4，汽车类板块指数（880390）日K线图。从2008年11月开始的一段上升行情中，abc调整浪已经有效跌破了120日均线，但是行情并未从此反转向下，不久后又出现了789浪上升行情。

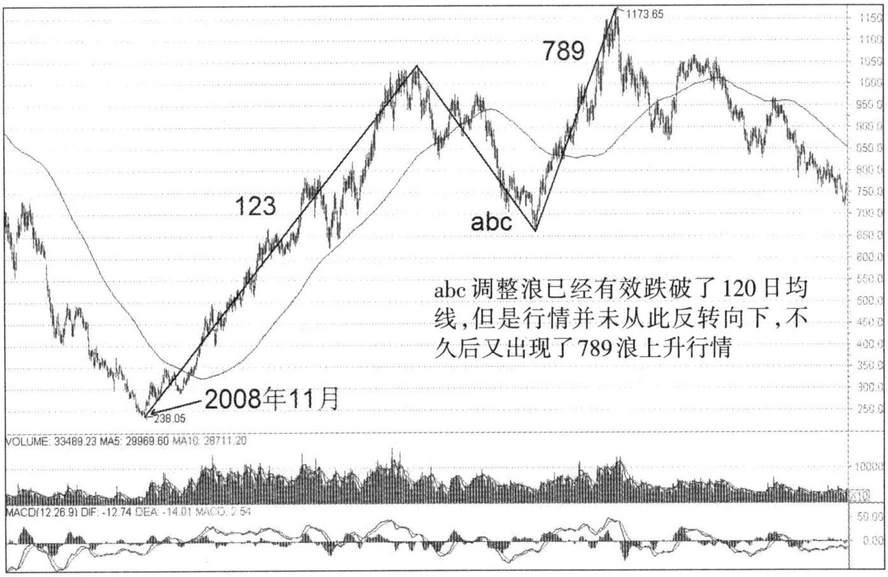

图7-4 汽车类板块指数日K线图

移动平均线的缺陷在于，在上下反复震荡的行情中，移动平均线会从行情中间穿过，这个时候基本无法使用。因此在对行情的判断过程中，包括移动平均线在内，每一种指标和方法都是不完美的。实际操作中，不能单独依赖某一种指标和方法进行操作，而应当综合运用，充分利用各个指标和方法之间的互补作用，最大限度地提高行情判断的准确性。

三、金叉与死叉

金叉：当短期移动平均线从下向上突破长期移动平均线，形成的交叉叫做金叉。金叉是由跌转升的信号。

死叉：当短期移动平均线从上向下突破长期移动平均线，形成的交叉叫做死叉。死叉是由升转跌的信号。

在周K线行情中，出现金叉与死叉，对长期行情反转的判断意义较大；但是在日K线行情中出现金叉与死叉，往往只代表短期行情出现上下震荡，不具备长期判断意义。

如图7-5，中小板综（SZ399101）周K线图，其中短期移动平均线为12周均线（季线），长期移动平均线为48周均线（年线）。每当季线从上向下突破年线形成死叉后，都会出现连续的下跌；每当季线从下向上突破年线形成金叉后，都会出现连续的上升。

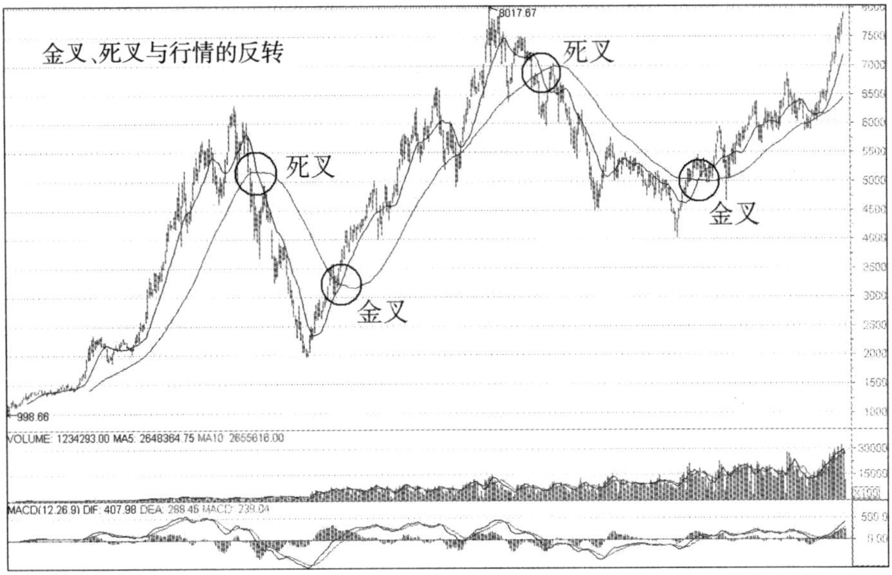

图7-5 中小板综周K线图

四、多头排列与空头排列

多头排列：当行情处于上升过程中时，常出现多头排列的现象，即K线在最上方，向下依次是短期移动平均线、中期移动平均线、长期移动平均线。出现多头排列，意味着市场做多氛围浓厚，投资者认为行情继续向上的心理趋于一致，是牛市行情的典型特征。

空头排列：当行情处于下跌过程中时，常出现空头排列的现象，即K线在最下方，向上依次是短期移动平均线、中期移动平均线、长期移动平均线。出现空头排列，意味着市场看空氛围浓厚，投资者认为行情继续向下的心理趋于一致，是熊市行情的典型特征。

如图7-6，万科A（000002）的一段日K线图。将短期、中期、长期移动平均线分别设置为30日均线、60日均线、120日均线，可以清晰地看出其中的均线空头排列与多头排列形态。

图7-6 万科A日K线图

五、贴近与回踩

与支撑线、压力线或通道类似，移动平均线也存在着贴近与回踩现象。在贴近和突破时，具体存在两种现象：一是贴近突破不回踩，二是非贴近突破则回踩。

一般情况下，当长期下跌行情从下向上逐渐贴近一条重要的移动平均线时，往往会突破这条移动平均线，并且突破后通常不发生回踩。当行情从下向上以距离这条移动平均线较远的位置直接突破移动平均线后，则通常会发生回踩。

同样，当长期上升行情从上向下逐渐贴近一条重要的移动平均线时，往往会突破这条移动平均线，并且突破后通常不发生回踩；当行情从上向下以距离这条移动平均线较远的位置直接突破移动平均线后，则通常会发生回踩。

其中的原因与通道中的贴近与回踩也是一样的。贴近突破不回踩，是因为贴近过程中已经积蓄了充分的突破动能，因此，突破后市场行情往往能够持续向着突破方向运行；非贴近突破后则回踩，是因为从远离到突破移动平均线的过程中，已经将突破动能消耗殆尽，需要回踩以重新积蓄动能。

如图7-7，中孚实业（600595）日K线图。在2014年上半年以前很长一段时间，一直在贴近120日均线运行，直到有一天大力突破120日均线，并且在突破后不再回踩。

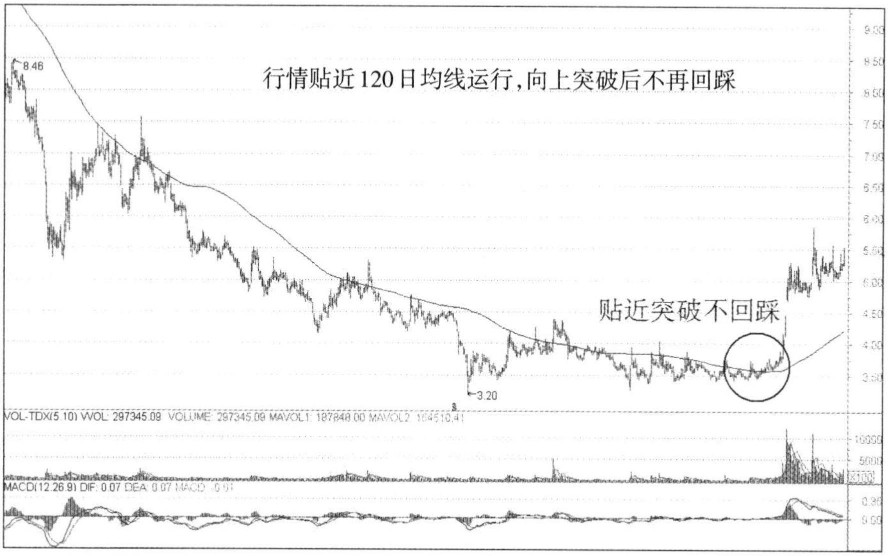

图7-7 中孚实业日K线图

如图7-8，洋河股份（600118）日K线图。2012年7月到达最高点后，以距离120日均线较远的位置直接向下突破120日均线，突破后又回踩到120日均线，之后才一路向下。

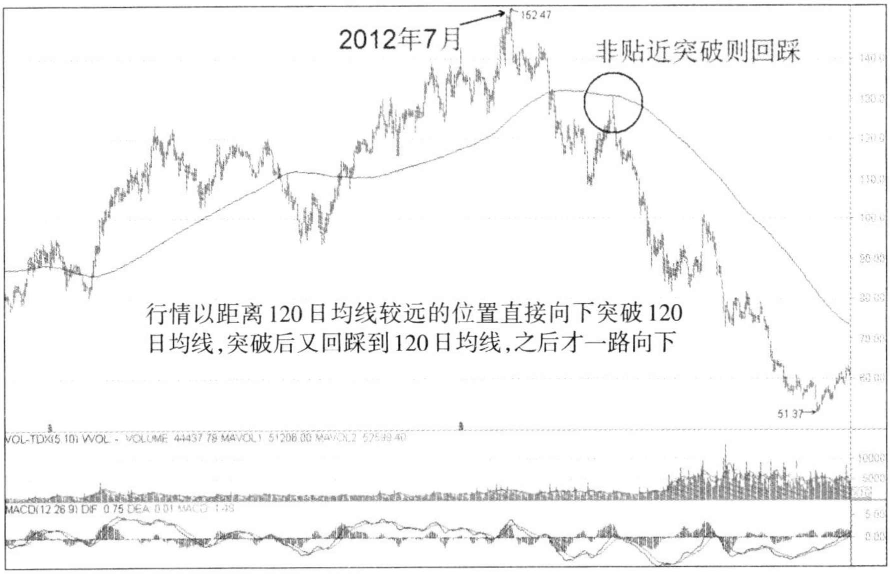

图7-8 洋河股份日K线图

第8章 价值投资与技术分析的关系

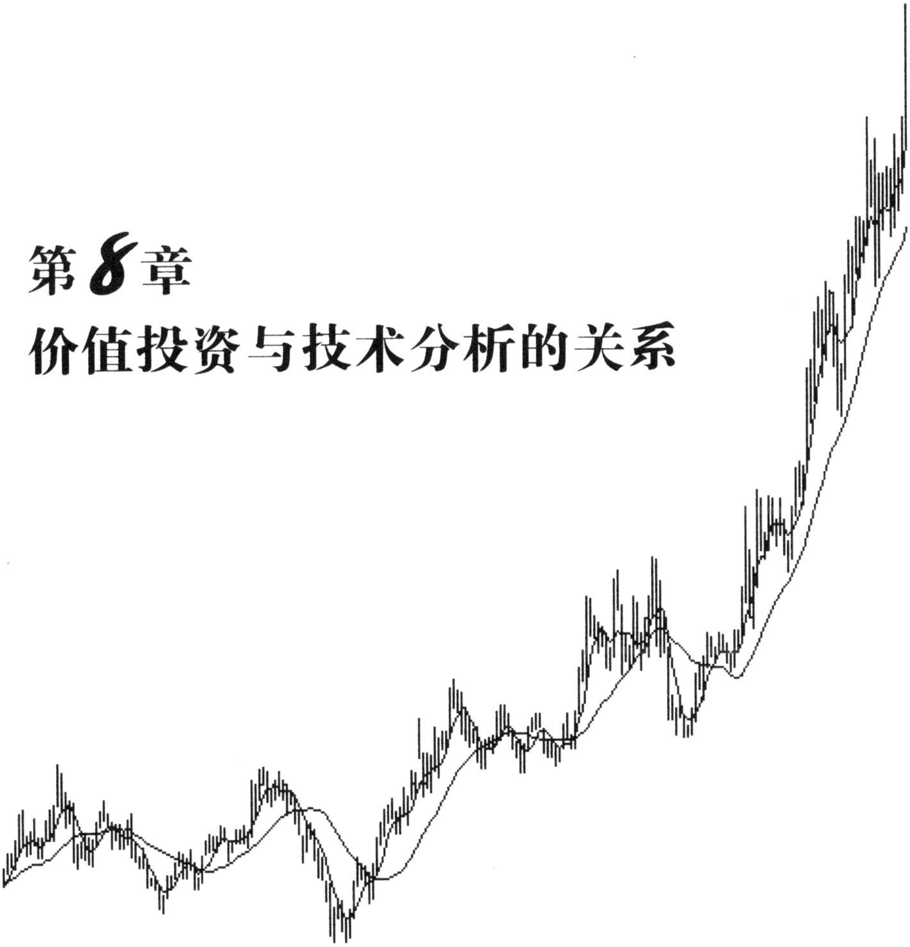

价值投资作为一种极为重要的投资思想，笔者有必要在这里讲一下价值投资与技术分析之间的关系。

从本质上讲，波浪时空体系仍然属于一种技术分析方法，但笔者并不支持单独使用技术分析而忽略上市公司的内在价值。因为内在价值才是推动股价发展的根本动力，内在价值贯穿了行情的始终。

同时，单独以股票的内在价值进行投资，也不一定符合所有市场的实际情况，因为内在价值并不能决定股价何时上升，何时下跌。资金力量是推动股价发展的直接动力，市场行情总是会围绕股票的内在价值反复上下波动。

内在价值很容易理解，就是对上市公司的资产状况、盈利状况、行业状况、未来发展前景等基本面情况进行分析。但是资金力量从何而来？关于这个问题，下面先来了解一下索罗斯的“反射理论”。

我们都知道，索罗斯的核心投资理论是反射理论。所谓反射理论，就是指市场趋势和投资者之间的互动影响。索罗斯认为，投资者根据对市场的了解来预测市场并据此行动，而投资者的行动也反过来影响和改变市场的走势。二者不断地相互影响，因此投资者不可能完全了解市场，而是会对市场产生“偏见”。

投资者的“偏见”造成了市场行情反复偏离价值中轴线运行。当投资者的“偏见”趋于统一，便形成了“流行偏见”，“流行偏见”造成市场趋势持续朝同一个方向运行。这也就是他常说的“羊群效应”。

索罗斯所说的“流行偏见”或者说“羊群效应”，充分解释了市场中资金从何而来。笔者用通俗的语言来解释这种现象。

当上升行情得到确认后，向上的趋势会将周边的资金吸引过来，同时资金的入场又进一步推动了趋势向上发展。趋势向上发展又继续将周边更多的资金吸引过来，直到这种趋势无法抗拒价值中轴线的引力，终于使得行情发生反转。

当下跌行情得到确认后，向下的趋势会将内部的资金排斥出去，同时资金的离场又进一步推动了趋势向下发展。趋势的向下发展又继续将更多的资金排斥出去，直到趋势力量无法抗拒价值中轴线的引力，终于使得行情发生反转。

由此可见，资金力量和市场趋势是相应而生的。市场趋势的变化引发资金力量的变化，而资金力量的变化又反过来影响了市场趋势的变化。

索罗斯的投资思想仍然属于技术分析的范畴，或者说属于哲学领域的技术分析。索罗斯认为，盛极必衰，否极泰来，市场总是在盛衰之间相互转换。既然投资者是持“偏见”入场的，那么这种“偏见”自然会导致行情反复上下波动。“偏见”越小，上下波动越小；“偏见”越大，上下波动越大。

价值投资是否就一定是长期持有呢？这个未必。在投资者“偏见”较小的市场或者股票中，长期持有是最佳选择。在投资者

“偏见”较大的市场或者股票中，就要尽可能地进行大波段操作，以回避其中大级别的调整行情。

巴菲特的价值投资方法也不是所有股票都一直拿着不放，他仍然会做一些高抛动作，如2007年在港股市场中抛售中国石油股份（HK00857）。

在美国等一些相对成熟的股市中，投资者“偏见”较小，市场上下波动较小。道琼斯工业指数整体市盈率长期维持在10至20倍这样一个稳定的数值，一场漫长的牛市长达数十年，一场短暂的陡直型熊市只有一年多。在这样的市场中，长期持有是最佳选择，这也是为什么价值投资在美国比较盛行的原因。

在一些新兴市场，如中国A股，投资者“偏见”较大，股价上下波动也较大。牛市期间，整体市盈率能在两年时间内从10倍涨到60倍以上，这个时候还要继续坚守吗？按照长期持有的方法继续坚守，一旦市场转为熊市，绝大多数股票都要跌上好多年，不但牛市中的大部分利润又都回吐出去，还要承受长达五六年时间的痛苦煎熬。显然，这种操作方法是需要认真反思的。

在A股市场中，也有少数投资“偏见”较小的股票，这些股票就适合长期持有，如贵州茅台（600519）、云南白药（000538）等品牌名酒、品牌医药股，以及格力电器（000651）等科技领先的家用电器股（属于非周期性行业）。

首先，在估值方面，这些股票的估值不会大起大落，长期向上的确定性较强，特别是贵州茅台和云南白药，完全可以想象，就算百年以后，这两只股票仍然可能是顶级品牌，因此，投资者对这些股票持有的“偏见”较小。但其他绝大部分股票，都无法确定在百年以后会是什么样子。

其次，在股价方面，这些股票的股价也因为投资者的“偏见”较小，而走势较为独立，总体上跟随内在价值长期向上，每次回调幅度也较小，适合长期持有。

另外，格力电器要密切注意其科技水平能否持续保持领先，或者会不会有什么革命性的替代产品出现。

对于希望按照价值投资法长期持有的投资者，要注意以下几点。

一是要有足够的空闲资金，不至于经常从股市和银行中相互调取资金。

二是要有精准的价值选股眼光，对未来市场发展趋势有准确判断，能够选出真正具有长期投资价值的股票。千万不要在一些垃圾股、恶炒股上长期坚守。

三是要有超长的耐性，绑得住手，定得住心，这一点取决于一个人的性格。一个急性子的人，是绝不可能做到的。

四是要对所选股票有充分的自信。很多人总是看到一只股票，就觉得比自己持有的股票好，反复在各只股票间换来换去，越换越亏。

五是在大级别的熊市行情到来之前，特别是那种陡直型调整浪的熊市行情到来之前，最好还是要离场避险。在这一点上，波浪时空体系可以发挥重要的作用。

对于周期性行业，要特别注意其行业周期，因为周期性行业的股票，会受到大盘和行业周期的共同影响。

很多人都喜欢万科A（000002），的确，万科A有着优秀的管理水平和市场判断力，但是投资万科A要注意房地产行业周期。当房地产行业进入持续上升阶段时，即使大盘出现大的调整，该股也会表现出很强的抗跌性。当房地产行业进入持续调整阶段时，即使大盘走势较强，该股也不会有很好的表现。

从万科A的股票长期K线图中可以看到，万科A股价从1996年开始启动，一直到2007年才随大盘进行了调整。房地产牛市则是从2000年左右启动，到2013年才开始出现调整。所以万科A的股价不但受股市大盘和房地产行业的共同影响，而且股价要比房价提前好几年反应出来。由此可见，选择周期性行业的股票，应该先于周期性行业拐点而动。

按照笔者的理解，价值投资要求投资者要有大格局，目标着眼于长远，不为小波动所动，寻找相对价值低估位和相对价值高估位，寻找真正具有长期向上动力的股票。

技术分析就是要认清一国或本地区股市特性，看清股市的发展趋势和方向，寻找其中相对的技术低点和技术高点，选择最佳买卖点，实现利润最大化。

价值投资是一种投资战略，技术分析是一种投资战术。两者之间不是非黑即白的关系，完全可以根据实际情况来综合运用。

第9章
综合实战分析

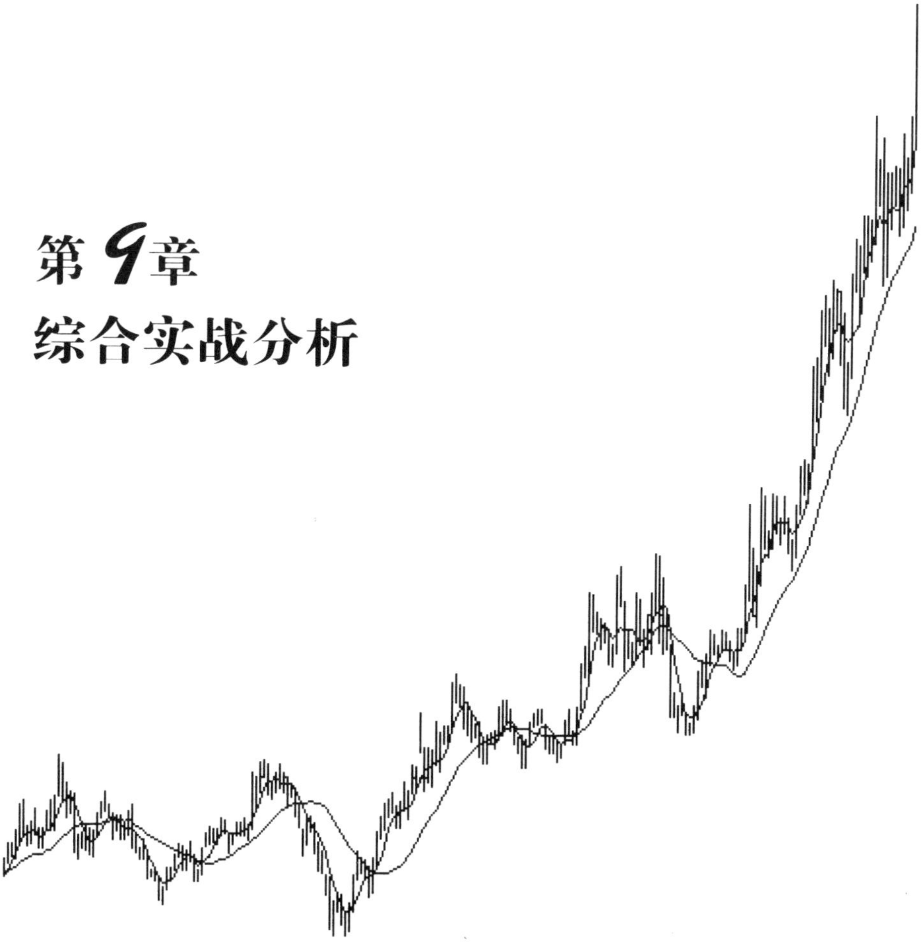

从总体上来看，前文内容以建立理论体系为主，为了让投资者朋友更好地认识、理解波浪时空体系，更好地将基本面分析与技术分析结合起来，同时更好地把波浪时空体系与量价关系、MACD指标、通道、移动平均线等指标和方法进行综合使用，本章内容将进行综合实战分析。

写本章之前，笔者在思考一个问题，如果实战分析都是对过去的行情进行分析的话，那么效果和作用将大打折扣，因为过去的行情已经完全展示出来，如果成立，可以有很多种理由，如果不成立，也同样可以有很多种理由。从这一点出发，本章内容将主要使用波浪时空体系及相应指标方法对未来行情进行分析。

既然是对未来行情进行分析，就表示笔者对这套理论体系已经有了足够的自信和把握。即便如此，笔者依然不能保证所有的分析都100%准确无误，就像笔者并不会保证每笔投资都一定赚钱一样，但是只要能保证极高的成功率，就足以让资金像滚雪球一样不断壮大。

开始写本章内容的时间是2014年11月初，我们以这个时间为起点，对未来行情进行分析，正确与否，将来一起共同验证。

一、大牛市已启动，不要随意看空

上一轮牛市是从2005年6月到2007年10月，历时2年4个月。在如此短的时间内，很多股票都涨了十倍甚至几十倍，赚钱效应非常明显，很多投资者都是在那场牛市期间开始认识股市并投身于证券投资行业的。

当然，从2008年10月开始也曾发生过一波较大的反弹行情，但前文已经讲过，那波反弹行情是发生在2007年10月至2008年10月的陡直型下跌浪之后，注定是一波短升浪行情，不能称之为牛市。真正的牛市应该是波澜壮阔的。

2007年10月，上证指数超过6000点，而目前上证指数才2000点出头。在此期间的行情，只能用惨淡来形容。从2007年10月到现在，已经过去了整整7年，7年的等待，牛市终于又来了。

上一轮牛市中，不少人从2000点就开始看空，结果活生生错过了2000点至6000点的行情，总结一点，都是恐高心理所致。当然，人人都会犯错，完全可以理解。

现在，牛头再次高高抬起，市场中看空的声音依然天天都有，随处可见。看空的理由多种多样，讲来讲去都是老生常谈，毫无新意，有些甚至完全看不出有任何逻辑关系。其实，牛市见顶的时候，有足够的见顶信息出现，如对称波浪理论九浪形态已经走完、整体市盈率60倍左右、量价背离、周K线MACD指标背离、有效跌破年线等等，可以从容离场，不需要这么着急就看空。

试想一下，现在的入场时机是经历了多少投资者的血泪才等到的啊。不要再按照艾略特波浪理论去幻想大C浪下跌还没走完，2009年8月以来只是一个平台型调整浪，这一平台型调整浪是比2007年10月至2008年10月的陡直型调整浪次一级别的调整浪，并且这一平台型调整浪的最低点一般情况下不能低于2008年10月的最低点，即1664.93点。调整行情早已结束，大牛行情已经启动，任何随意看空行为都是危险的。

在前文中，笔者已经根据波浪时空体系画出了上证指数的未来发展形态，给出了相应的见顶时间点。在这里，我们再以传统的整体市盈率及量价关系、MACD指标、通道、移动平均线等指标和方法，对上证指数目前的行情特征进行分析，如图9-1。

图9-1 上证指数月K线图，目前所表现出来的行情特征

在图9-1上证指数月K线图中，从整体上来看，目前行情位于市场底部位置。在2000点附近时整体市盈率略低于10倍，而A股市场历次熊市最低点整体市盈率也都在8-12倍。从这一点来看，符合整体市盈率见底特征。

从量价关系来看，上证指数月K线图经过前期的大平台型调整后，目前行情已经回升，同时成交量显著放大，表明大量资金开始入场，将直接推动行情向上发展，符合量价关系见底特征。

从MACD指标来看，上证指数月K线图，MACD指标DIF和DEA双线长期在0轴稍下方运行，目前已经开始突破0轴抬头向上，同时DIF线由下向上穿越DEA线发生金叉，绿柱开始翻红，符合MACD指标见底特征。

从通道来看，上证指数月K线图有一条明显的压力线。前期行情逐渐贴近这条压力线，目前已向上突破压力线，并且突破后将不再发生回踩而一路向上，符合通道或单条压力线见底特征。

从移动平均线指标来看，上证指数月K线图，行情已突破年线向上。年线又常称为牛熊线，有效站稳年线通常认为是牛市的确认。因此，符合移动平均线的见底特征。

综上所述，无论从各个指标和方法分析，都已确认牛市已经到来，入市正当时。千万不要等到牛市已经过了一大半，才明白牛市真的来了，那时候是真的晚了。熊市已经离去，不要再怀念它，装满弹药，启程！

二、券商股与银行股对比分析

在金融板块中，券商股与银行股都是最受投资者关注的板块。而保险板块，喜欢的人很喜欢，不喜欢的人看都不会看，并且行业性质较为独立。由于券商股与银行股共同点较多，接下来我们对券商股与银行股进行对比分析。

同为金融板块，为什么牛市期间，券商股涨幅往往会大幅领先于银行股？实际上，券商股与银行股作为A股市场中权重较大的两个板块，涨幅大小和基本面有着直接的联系。下面我们先从基本面方面来算一笔账。

以中信证券（600030）为例，在上一轮牛市期间，2005年净利润为4亿元，2006年净利润为23.71亿元，2007年净利润为123.89亿元。一场牛市下来，中信证券净利润增长了30倍，同时股价也上升了30多倍。中信证券在2005年最低点附近时，市盈率为20多倍，在2007年的最高点附近时，股价虽然已经上涨了30多倍，但市盈率仍然还是20多倍。这一点，净利润的暴涨是关键因素。

实际上，所有券商股，包括吉林敖东（000623）、辽宁成大（600739）等券商影子股，从2005年牛市开始至2007年牛市结束，都有20至40倍的涨幅，而在2007年牛市顶部附近时，市盈率却还都在20~30倍之间，成了当时A股市场中市盈率最低的板块之一。

目前，券商股板块的平均市盈率是20多倍，我们也完全可以想象，将来券商股板块见顶时，平均市盈率很可能也还是20多倍。在此期间，行情的涨幅大小主要由净利润的增长多少来决定。

如果不提2005年至2007年的急升浪牛市，我们来看一看1994年至2000年的缓升浪牛市。在这段行情期间，上市最早的券商股宏源证券（000526）也有20多倍的涨幅。由此可见，无论是在

2005年至2007年的急升浪牛市，还是在1994年至2000年的缓升浪牛市，券商股的涨幅都大幅领先于银行股。

当然，笔者也不否认，在熊市期间银行股的表现要强于券商股。

按照前文中波浪时空体系的预测，目前开始的牛市也是缓升浪大牛市，即慢牛行情，大概要涨到2020年3月。在这期间，券商股净利润仍然会出现暴涨，券商股涨幅仍然会大幅领先于银行股。

也许你会说，银行股目前才4倍市盈率，太便宜了，如此低的市盈率不但在银行板块中从未出现过，甚至在整个A股市场中都极其少见。没错，目前银行股也确实有着较高的投资价值，仅凭4倍的超低市盈率都能在将来有足够的升幅。

这里需要说明的是：本文内容并不是看空银行股，看多券商股，而是为了说明，在牛市期间，券商股的行情要大幅领先于银行股，投资者应该有更明确的投资战略，在什么样的市场阶段买什么样的股票最划算。

为什么目前银行股会出现4倍的超低市盈率？这一点当然也是有原因的。在2010年以前的20年间，以民生银行（600016）、兴业银行（601166）为代表的中小型商业银行，平均每年净利润增长率达到40%以上。A股中一些银行股的市盈率也一直保持在15倍至45倍的水平。2010年以后，银行股的增长速度开始大幅回落。以当前的形势来看，银行股已经不可能再重复2010年以前的增长速度，如果按10%至15%来计算，几年时间也涨不了多少。目前4倍的超低市盈率，也正反应了未来国内银行业的形势并不乐观。请记住：道氏理论告诉我们，股市永远会将市场情况提前反映出来。

为什么未来国内银行业的形势并不乐观？这是因为目前国内银行的净利润率要远高于成熟市场银行的净利润率，并且国内银行的净利润主要以利息收入为主，而成熟市场银行的净利润基本都以非利息收入为主。随着金融业的开放，互联网金融的到来，以及利率的市场化，国内外银行在业务结构及净利润率方面势必要逐渐同步。这对国内的银行业来说，将是一个严峻的课题。因此，将来当银行股市盈率超过20倍的时候，你可能就会觉得很贵了。投资股票应该对未来形势有一个明确的预期。

利率市场化对银行业到底有多大的影响？

以美国为例，1980年至1986年，美联储逐步解除利率管制，实现了利率市场化。1986年以后，很多中小型银行甚至少数大银行，由于不能适应利率市场化的转变，破产数量明显上升，银行数量大幅减少。1986年，美国商业银行有超过14000家，随后开始急剧下降，到2005年还剩下7000多家，到2009年只剩下6000余家。如图9-2。在美国实现利率市场化过程中，只有花旗、富国、摩根大通等少数银行通过及时转变经营方向，调整业务结构，把业务重心放在非利息收入增长上，才不断地发展壮大。

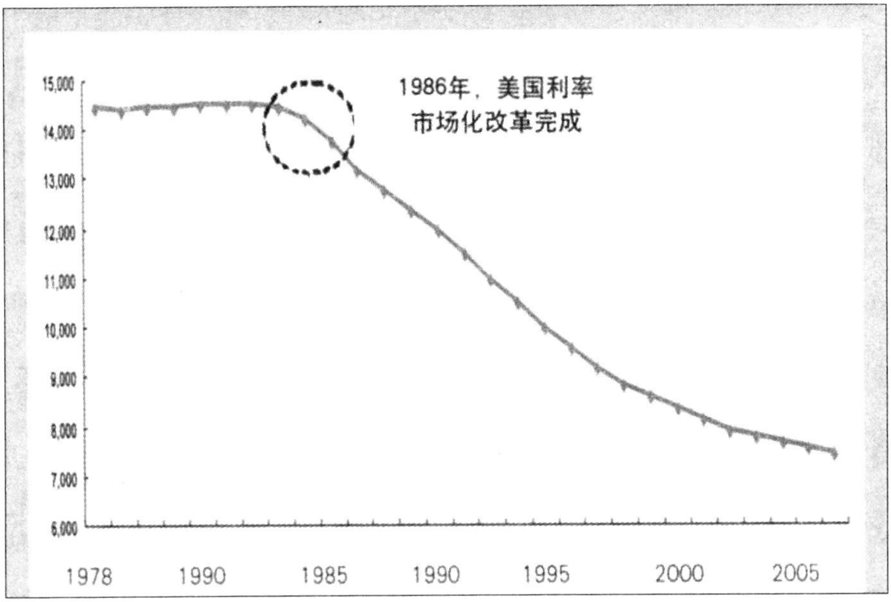

图9-2 1986年美国市场化改革完成后，商业银行数据急剧减少
资料来源：中国国际金融有限公司（CICC）

以国内的实际情况来看，银行破产的可能性很小，但是利率市场化以后银行净利润大幅减少将是不争的事实。目前很多商业银行都已开始提前着手准备迎接利率市场化的到来，如兴业银行大力发展同业业务等。

你当然可以用以下理由来反驳：券商股的净利润暴涨是以牛市为前提，要是牛市没有来呢？是不是银行股更有价值呢？这个当然，但是笔者相信，牛市要来了。

还有一个问题，随着互联网金融的到来，不但银行业会受到冲击，券商一样会受到冲击，将直接导致券商的平均交易手续费水平下降。这一点是肯定的。然而，与此同时，券商还有一块很大的蛋糕，那就是融资融券业务。随着牛市的到来，融资融券业务将越来越火爆，甚至某些大型券商的融资融券业务相当于多了一个小型银行。

每次看到银行股4倍的市盈率笔者都很心动，但冷静分析之后，还是选择了买入希望更大的券商股。

接下来，再从技术层面分析券商股和银行股。

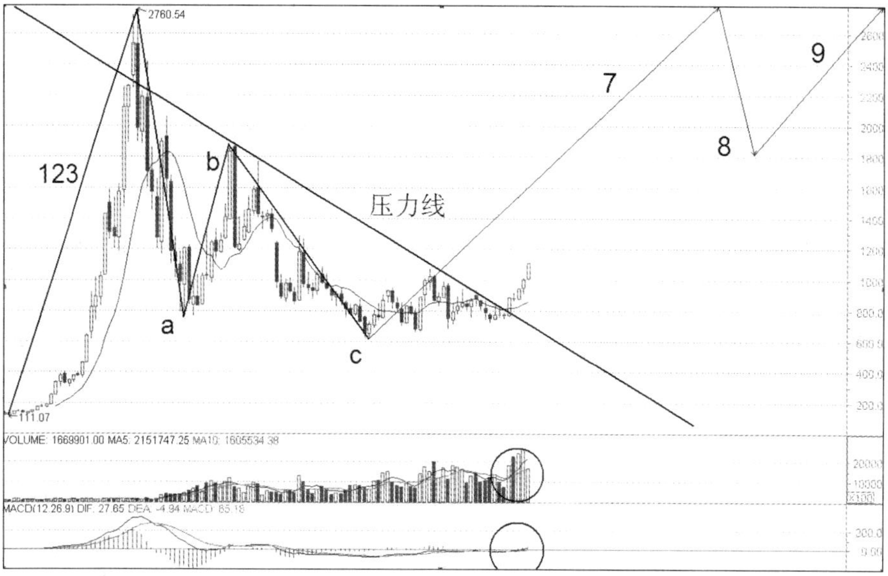

图9-3 证券板块指数月K线图

如图9-3，证券板块指数（880472）月K线图。在长期行情发展中，从对称波浪理论波浪形态来看，目前正在开展第789浪大牛市行情，具体等倍时间周期分析可参考上证指数。其中9浪将与上证指数同步到达最高点，即很可能是在2020年3月，但7浪并不一定会与上证指数同时到达最高点，证券板块有自己独立的走势，目前暂无足够证据指出7浪的终点时间，但大致也将会在2017年左右，2017年2月也可能是一个重要的时间点。

图中划线只表示波浪形态及时间长短，不表示行情高低。

实际上，并不是说一定要买在最低点，卖在最高点。能把握到中间的一大部分行情，就已经很了不起了。前文中已经讲过，方向要比时间更重要。即使时间点无法准确把握，仍然有很多指标方法可以帮助确定行情顶部的到来。在重要见顶信息出现之前，我们需要做的就是，认清市场行情特征，买入并坚持持有。

目前券商板块中的两只龙头股——中信证券（600030）和海通证券（600837），市盈率还不足20倍，具有很高的投资价值。

从量价关系来看，证券板块指数月K线图，行情已开始回升，同时成交量显著放大，大量资金开始入场，将直接推动行情向上发展，符合量价关系见底特征。

从MACD指标来看，证券板块指数月K线图，MACD指标DIF和DEA双线长期在0轴稍下方运行，目前已经开始向上突破0轴，同时DIF线由下向上穿越DEA线形成金叉，绿柱开始翻红，符合MACD指标见底特征。

从通道来看，证券板块指数月K线图有一条明显的压力线，前期行情逐渐贴近这条压力线，目前已向上突破，并且突破后将不再发生回踩而一路向上，符合通道或单条压力线见底特征。

从移动平均线指标来看，证券板块指数月K线图，行情已向上突破年线，并且越来越远离年线，符合移动平均线的见底特征。

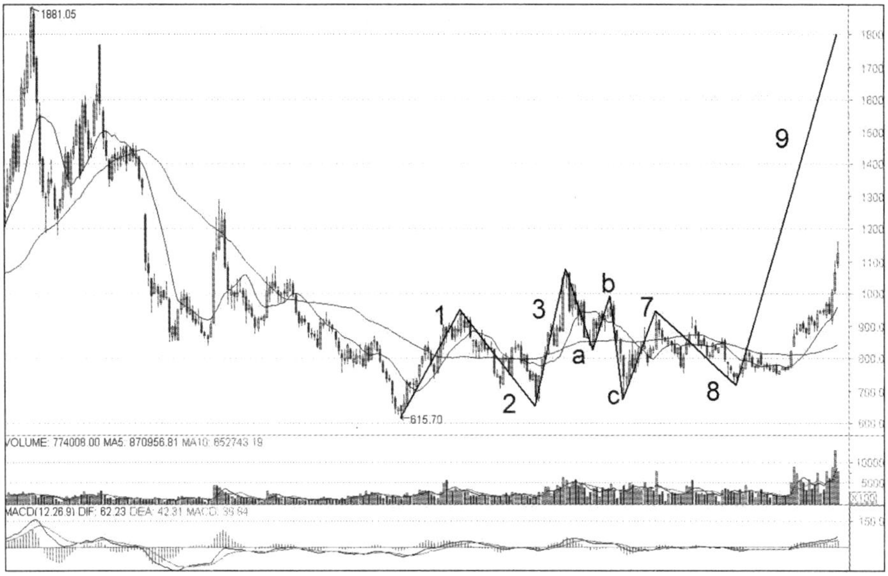

图9-4 证券板块指数周K线图

如图9-4，证券板块指数周K线图。在短期行情发展中，从对称波浪理论波浪形态来看，目前正在开展第9浪上升行情。从图中可以清晰地看到，abc浪为陡直型调整浪，2浪和8浪均为平台型调整浪，那么当9浪结束后，也将会出现比abc陡直型调整浪高一级别的平台型调整浪，并且这个平台型调整浪又是比图9-3中的8浪陡直型调整浪次一级别的平台型调整浪。在对市场进行长期行情和短期行情分析时，应注意各个调整浪之间的连接，这样才能更加准确地把握行情的发展。

关于图9-4中的时间周期，笔者作如下说明：在长期行情中，等倍时间周期的重要性很高，但是在短期行情中，等倍时间周期的重要性并不高。如果总是试图去寻找短期行情的最高点在哪里，往往会陷入频繁交易的误区。并且在短期行情中，等倍时间周期往往缺乏足够的时间进行验证，能在短时间内找准的几率并不高。除非少数股票的短期行情等倍时间周期规律很明显，那就另当别论。

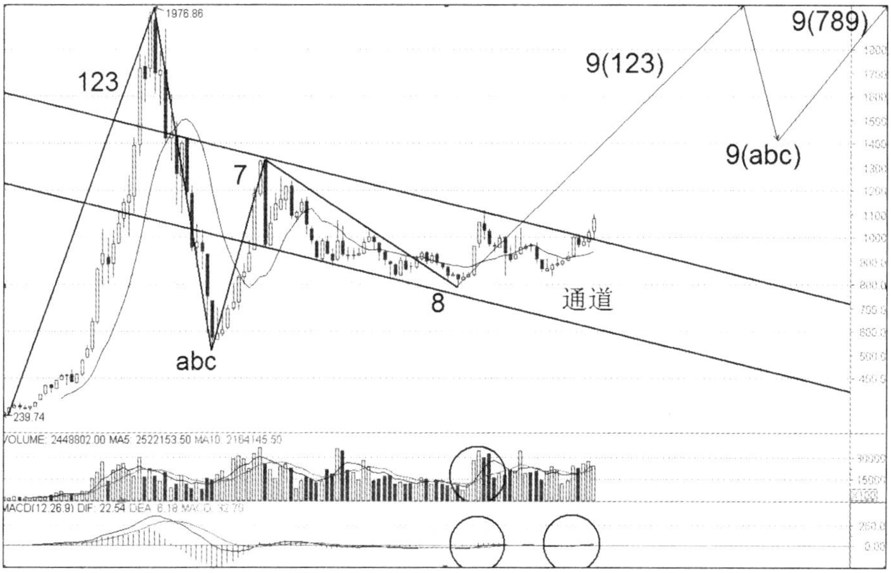

图9-5 银行板块指数月K线图

如图9-5，银行板块指数（880471）月K线图。在长期行情发展中，从对称波浪理论波浪形态来看，目前正在开展第9浪大牛市行情，具体等倍时间周期分析可参考上证指数。其中9（789）浪将与上证指数同步到达最高点，即很可能是在2020年3月。与证券板块相似，9（123）浪也并不一定会与上证指数同时到达最高点，银行板块也有自己独立的走势，目前暂无足够证据指出9（123）浪的终点时间，但大致也将会在2017年左右，2017年2月也可能是一个重要的时间点。

图中划线只表示波浪形态及时间长短，不表示行情高低。

从量价关系来看，银行板块指数月K线图在8浪刚刚结束及9（123）浪刚刚开始阶段，随着行情的回升，成交量显著放大，之后出现了一个较小的平台型调整。目前行情再次回升，同时成交量表现为量平价增，后市行情将继续向上。

从MACD指标来看，银行板块指数月K线图在8浪刚刚结束及9（123）浪刚刚开始阶段，MACD指标DIF和DEA双线向上突破0轴，同时DIF线由下向上穿越DEA线形成金叉，绿柱开始翻红。在经过了一个较小的平台型调整之后，DIF线再次由下向上穿越DEA线，发生二次金叉，后市行情将继续向上。

从通道来看，银行板块指数月K线图有明显的平行通道，前期行情逐渐贴近通道上轨，目前已突破上轨，且突破后将不再发生回踩，而一路向上。

从移动平均线指标来看，银行板块指数月K线图已站稳年线，站稳年线代表了牛市的确认，后市行情将继续向上。

图9-6 银行板块指数周K线图

如图9-6，银行板块指数周K线图，在短期行情中，目前正在开展第789浪上升行情。从图中可以看出，abc浪为平台型调整浪，未来的8浪将是比abc浪平台型调整浪次一级别的陡直型调整浪，789浪结束后，将会出现比abc浪平台型调整浪高一级别的陡直型调整浪，这一陡直型调整浪也就是图9-5银行板块指数月K线图中的9（abc）陡直型调整浪。这里再次强调：在对市场进行长期行情和短期行情分析时，应注意各个调整浪之间的连接，这样才能更加准确地把握行情的发展。

关于等倍时间周期的说明与图9-4中证券板块指数周K线图相似，在短期行情中，由于缺乏足够的时间进行验证，不建议使用等倍时间周期。

在银行板块中，也不是所有的银行股波浪形态都与银行板块指数的波浪形态相似。个股与板块指数走势不太一致的情况很普遍，遇到这一情况时，一般以“对指数进行共性分析、对个股进行个性分析”为原则进行综合分析判断。

三、有色股与煤炭股对比分析

之所以将有色股与煤炭股放在一起分析，是因为这两个板块之间有着很多共性：一是行情走势较为相近，经常同涨同跌，常有“煤飞色舞”之说；二是都与期货市场行情有着密切的关联，股价都会受到股市大盘及期货行情的共同影响，若期货行情上升，股价往往会强于大盘，若期货行情下跌，股价往往会弱于大盘；三是都比较容易受到投资者的青睐，甚至是机构投资者的关注。略有不同的是，有色板块受到游资的关注度更高。

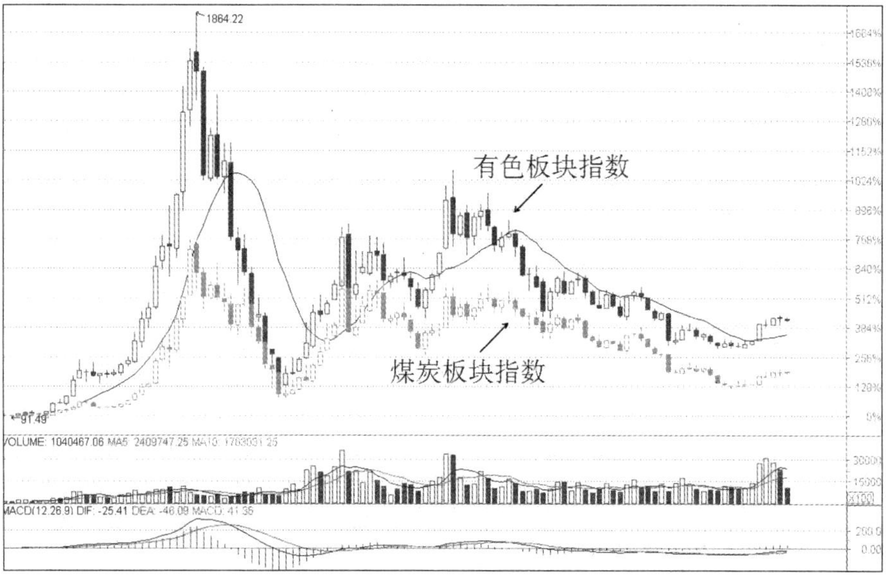

图9-7 有色板块指数与煤炭板块指数叠加对比分析

如图9-7，有色板块指数与煤炭板块指数叠加对比分析。从2005年6月以来，有色板块指数（880324）走势明显强于煤炭板块指数（880301）。期间的每段上升行情，有色板块指数的上升幅度都要领先于煤炭板块指数。

在2005年6月到2007年10月的大牛市期间，有色板块指数整体上涨了20倍，有色板块中的个别强势股票，如焦作万方（000612）和云南铜业（000878）等，涨幅甚至超过了40倍。而同一期间，煤炭板块指数整体上涨了10倍，落后于有色板块。值得一提的是，有色板块的超级大牛股广晟有色（600259），仅凭“稀土”概念就从2005年至2010年的五年时间里一共上涨了70多倍，目前股价依然高高在上，已经严重偏离基本面。对于这只股票，用一句话来形容就是，“无论大盘涨跌，我自风光无限”。由此可见，有色板块的活跃度要高于煤炭板块。有色板块常常是超级大牛股的集中地。

同时，在期货市场行情中，有色金属期货行情从2011年2月至2014年3月构筑了历经三年时间的大平台型调整后，目前已开始企稳回升。近几年来，有色金属期货行情与股市大盘行情的同步率很高，有望和股市大盘一起走出阴霾，走向牛市。从前文对称波浪理论的有关内容可以知道，在构筑了大平台型调整之后，接下来往往会发生长升浪行情。而目前煤炭期货行情却依然在“跌跌不休”。从这一点来看，选择有色板块也更为可靠。

正因如此，除了券商股，笔者关注度位列第二位的就是有色板块股票。

在有色板块之内，不同金属类别股票也有明显的差别。有色金属主要包括铜、铝、锌、锡、镍、钨、铅、钛、锰、锂、稀土等，黄金通常也归入有色金属。有色金属有一个重要的特点，那就是都为资源性产品，自然界中总共就那么多，开采一点少一点，有其特殊的稀缺性，而这一点也正是众多游资喜欢入驻炒作的原因所在。

在有色金属期货行情中，与黄金、铜等金属期货前十多年间的大幅上涨相比，铝金属期货前十多年间几乎没有上涨，所以安全性更强，就算下跌，空间也很小。目前铝金属期货行情企稳迹象明显，因此建议重点关注铝金属类股票，如中孚实业（600595）、中国铝业（601600）。由于这两只股票的独立性较强，下面对这两只股票逐一进行解析。

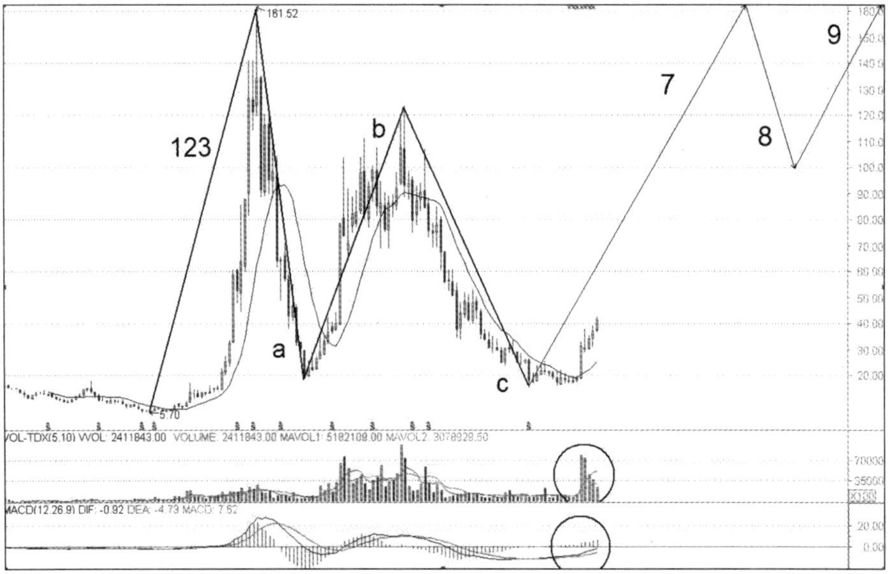

图9-8 中孚实业月K线图

如图9-8，中孚实业月K线图，后复权。中孚实业前期跌幅较大，目前市净率2倍，支持股价有很大的上涨空间。在长期行情发展中，从对称波浪理论波浪形态来看，目前正在开展第789浪大牛市行情，具体等倍时间周期分析可参考上证指数。其中7浪将很可能于2017年6月到达最高点，9浪将很可能于2020年3月到达最高点。有色板块、煤炭板块与上证指数的时间周期同步率较高。

图中划线只表示波浪形态及时间长短，不表示行情高低。

从量价关系来看，中孚实业月K线图，行情已明显回升，同时成交量显著放大，符合量价关系见底特征。若打开中孚实业日K线图还可以发现，近期股价走势非常积极，多次出现单日涨停及盘中急拉，整体走势明显强于同类股票，表示有主力资金开始入场，后市行情将有很大的上升空间。

从MACD指标来看，中孚实业月K线图，MACD指标DIF和DEA双线长期在0轴下方运行，目前已经开始向上即将突破0轴，同时DIF线由下向上穿越DEA线形成金叉，绿柱开始翻红，符合MACD指标见底特征。

从移动平均线指标来看，中孚实业月K线图，前期行情长期贴近年线运行，目前已大力突破年线，并且突破后不再回踩就一直向上，把年线远远甩在了身后，符合移动平均线的见底特征。

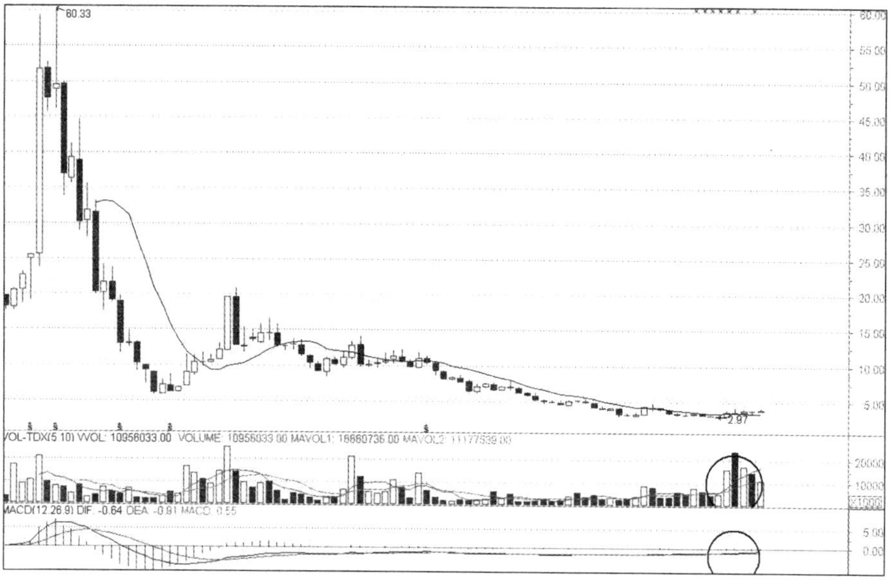

图9-9 中国铝业月K线图

如图9-9，中国铝业月K线图。中国铝业于2007年4月30日上市，上市后短短3个多月，股价就从不到18元拉升至60元，当时成了A股市场中一颗耀眼的明星。之后的行情却让人大跌眼镜，由于中国铝业连年大幅亏损，其股价也从2007年的60元一直跌到2014年的3元，只剩下最高时期的1/20。这样的跌幅在A股市场中是极其少见的。

中国铝业业绩虽然仍在亏损当中，但目前1.5倍市净率以及前期如此巨大的跌幅，支持未来股价有很大的上升空间。

从量价关系来看，中国铝业月K线图，目前行情已开始回升，同时成交量显著放大，符合量价关系见底特征。若打开中国铝业日K线图还可以发现，盘中多次出现急拉，也有单日涨停现象，这表明经过前期巨大的跌幅之后，盘面压力很轻，很容易将股价推高，同时也有主力资金在内部运作，后市行情一触即发。

从MACD指标来看，中国铝业月K线图，MACD指标DIF和DEA双线长期在0轴下方运行，目前从下向上逐渐靠近0轴突破在即，绿柱开始翻红，符合MACD指标见底特征。

从移动平均线指标来看，中国铝业月K线图，前期行情贴近年线运行，目前已突破并站稳年线，符合移动平均线的见底特征。

四、寻找爆发点，精准出击

在系统学习了波浪时空体系之后，将会对整个市场的理解产生潜移默化的影响，特别是熟悉了对称波浪理论波浪形态，可以大大提升操作中对K线形态的盘感，同时对量价关系、MACD指标、通道及移动平均线的理解也将更加清晰。这是因为这些指标方法也都是建立在最基本的波浪形态基础上的。接下来将讲解几种爆发形态，进一步提高对市场行情的认识，强化对波浪时空体系与各个指标方法之间的综合运用，同时也给大家提供几种最好的入场时机，提高操作的成功率和资金利用率。

第一种爆发形态：均线系统汇集一点，后市即将爆发。

移动平均线代表了在一个时期内的市场平均价格，也就是所有投资者的共同持仓成本。当短期移动平均线、中期移动平均线和长期移动平均线汇集一点时，就表明这个点同时是短期、中期和长期三个时期内的平均价格，也就是临界点，或者说是平衡点，经过这个临界点或者平衡点之后，市场很容易向着趋势的发展方向进行爆发。而这个点也常常是最佳买卖点。

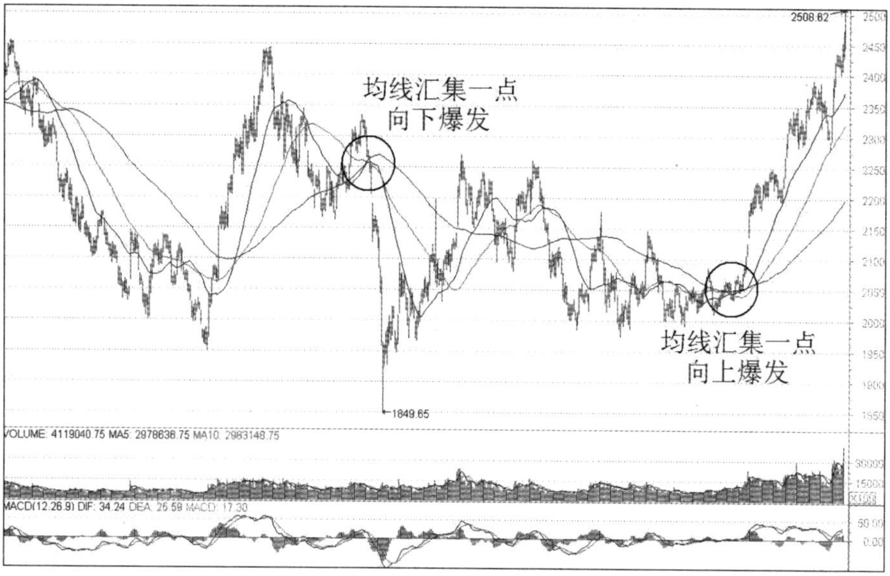

图9-10 上证指数日K线图，30日、60日和120日均线

如图9-10，上证指数日K线图。在左边圆圈处，30日、60日和120日均线汇集一点，同时MACD指标大幅下降到0轴以下，且DIF和DEA双线发生二次死叉，成交量萎缩，K线形态上升无力，表示后市即将向下爆发。

在右边圆圈处，30日、60日和120日均线再次汇集一点，市场经过长期平台调整，向上动能被长期压制，日K线图MACD指标一底比一底高，若打开行情软件还可以发现，周K线图MACD指标DIF和DEA双线发生金叉并开始穿越0轴向上，表示后市即将向上爆发。

第二种爆发形态：在市场底部附近，当行情从下向上逐渐贴近一条重要的压力线，后市即将突破这条压力线向上爆发。同样，在市场顶部附近，当行情从上向下逐渐贴近一条重要的支撑线，后市即将突破这条支撑线向下爆发。

这里所说的一条重要的压力线，既可以是向下的趋势线，也可以是水平的趋势线，又可以是向上的趋势线。若为向下的趋势线，通常表现为行情的向上反转；若为水平的趋势线，通常表现为行情的向上平台突破；若为向上的趋势线，通常表现为行情的加速上升。

这里所说的一条重要的支撑线，既可以是向上的趋势线，也可以是水平的趋势线，又可以是向下的趋势线。若为向上的趋势线，通常表现为行情的向下反转；若为水平的趋势线，通常表现为行情的向下平台突破；若为向下的趋势线，通常表现为行情的加速下跌。

很多时候，在市场底部附近，当行情从下向上接近一条重要的压力线时，都会被立即向下弹回，而当行情多次接近一条重要的压力线时，被弹回的幅度越来越小，经常会形成一个贴近这条压力线的三角形形态，这表示市场内部向上力量已经在暗潮涌动，只是暂时还受压力线所困。当行情再次贴近压力线而无法被向下弹回时，表示市场行情已经到了一个临界点，后市即将突破压力线向上爆发。

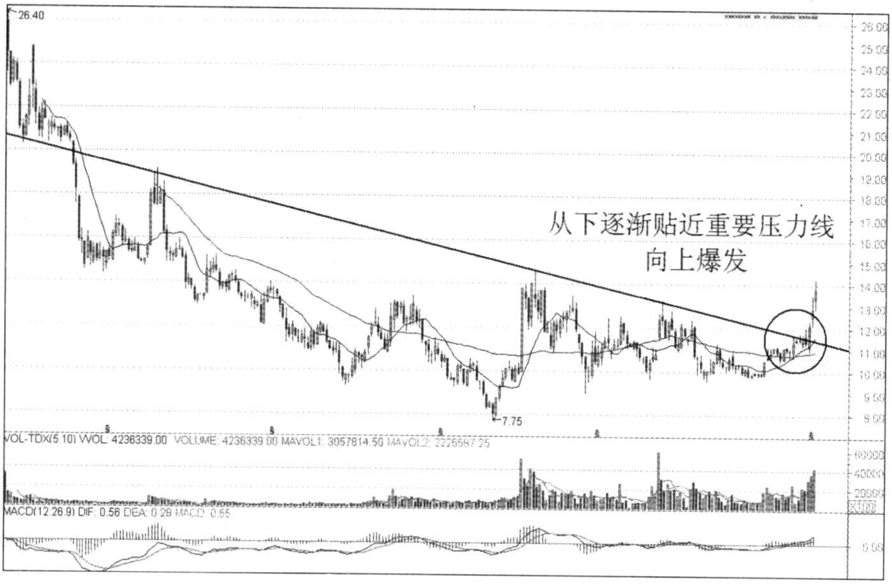

图9-11 招商证券周K线图

如图9-11，招商证券（600999）周K线图。市场行情长期被压制在一条重要的压力线之下，并逐渐贴近这条压力线形成一个三角形形态，当行情再次贴近压力线而无法被向下弹回时，后市开始爆发。

很多时候，在市场顶部附近，当行情从上向下接近一条重要的支撑线时，都会被立即向上弹回，而当行情多次接近一条重要的支撑线时，被弹回的幅度越来越小，经常会形成一个贴近这条支撑线的三角形形态，这表示市场内部向下力量已经在暗潮涌动，只是暂时还受支撑线所困。当行情再次贴近支撑线而无法被向上弹回时，表示市场行情已经到了一个临界点，后市即将突破支撑线向下爆发。

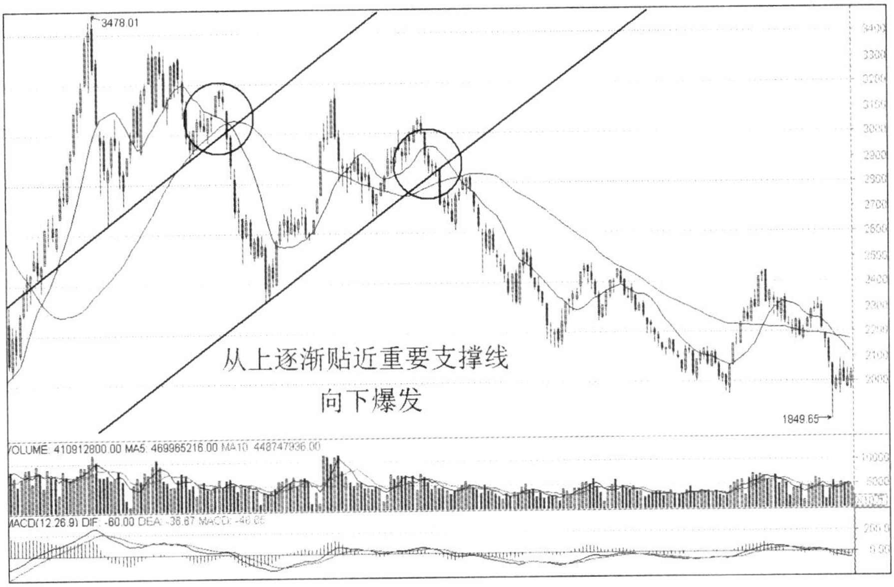

图9-12 上证指数周K线图

如图9-12，上证指数日K线图。左边圆圈处，上升行情逐渐贴近一条重要的支撑线，MACD指标DIF和DEA双线发生三次死叉，季线下穿年线形成死叉，后市突破支撑线向下爆发。右边圆圈处，上升行情逐渐贴近一条重要的支撑线，MACD指标DIF和DEA双线发生二次死叉，后市突破支撑线向下爆发。

第三种爆发形态：在市场底部附近，当行情从下向上逐渐贴近一条重要的移动平均线，后市即将突破这条移动平均线向上爆发。同样，在市场顶部附近，当行情从上向下逐渐贴近一条重要的移动平均线，后市即将突破这条移动平均线向下爆发。

第三种爆发形态与第二种爆发形态原理相似，只是将压力线或支撑线换成了移动平均线。在市场行情中，当移动平均线产生压力或支撑作用时，其作用与压力线或支撑线几乎是一样的。

因此，很多时候，在市场底部附近，当行情从下向上接近一条重要的移动平均线时，都会被立即向下弹回，而当行情多次接近一条重要的移动平均线时，被弹回的幅度越来越小，经常会形成一个贴近这条移动平均线的三角形形态，这表示市场内部向上力量已经在暗潮涌动，只是暂时还受移动平均线所困。当行情再次贴近移动平均线而无法被向下弹回时，表示市场已经到了一个临界点，后市即将突破移动平均线向上爆发。

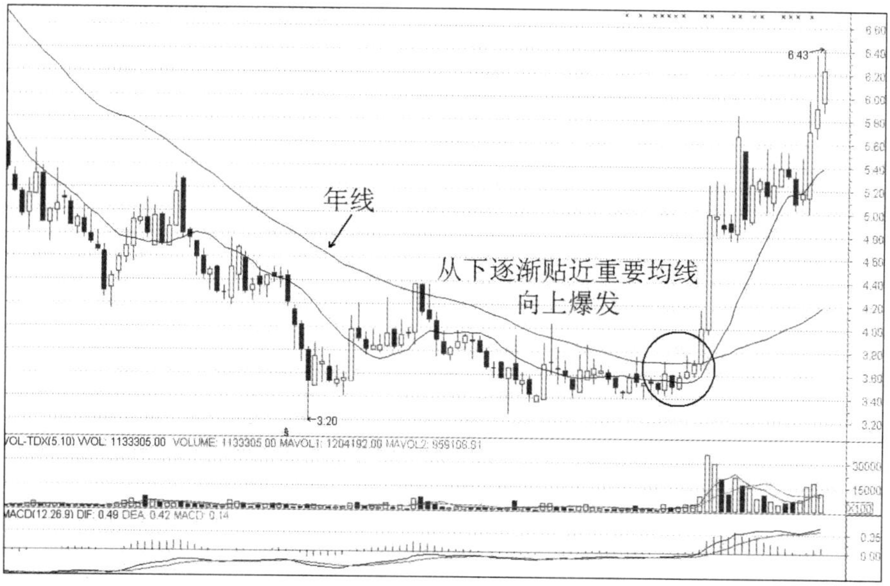

图9-13 中孚实业周K线图

如图9-13，中孚实业（600595）周K线图。市场行情长期被压制在年线之下，并逐渐贴近年线形成一个三角形形态，MACD指标DIF和DEA双线越来越高并从下向上穿越0轴，后市突破年线向上爆发。

很多时候，在市场顶部附近，当行情从上向下接近一条重要的移动平均线时，都会被立即向上弹回，而当行情多次接近一条重要的移动平均线时，被弹回的幅度越来越小，经常会形成一个贴近这条移动平均线的三角形形态，这表示市场内部向下力量已经在暗潮涌动，只是暂时还受移动平均线所困。当行情再次贴近移动平均线而无法被向上弹回时，表示市场行情已经到了一个临界点，后市即将突破移动平均线向下爆发。

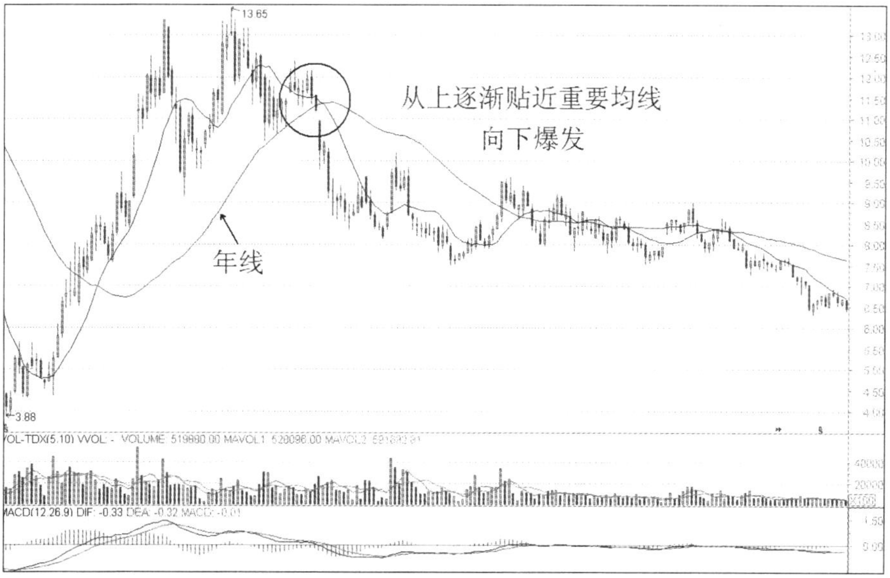

图9-14 平安银行周K线图

如图9-14，平安银行（000001）周K线图。市场行情逐渐贴近年线形成一个三角形形态，MACD指标DIF和DEA双线发生三次死叉，季线下穿年线形成死叉，后市突破移动平均线向下爆发。

能否找准爆发点的最关键因素不是生搬硬套，而在于对波浪时空体系的深刻理解，以及与量价关系、MACD指标、通道、移动平均线等指标和方法的综合运用。笔者也正是在建立了波浪时空体系之后，再回头研究这些指标方法，才发现了更多的现象。从宏观角度正确地认识市场，波浪时空体系的确可以提供很大的帮助。

后记

我的金融历程

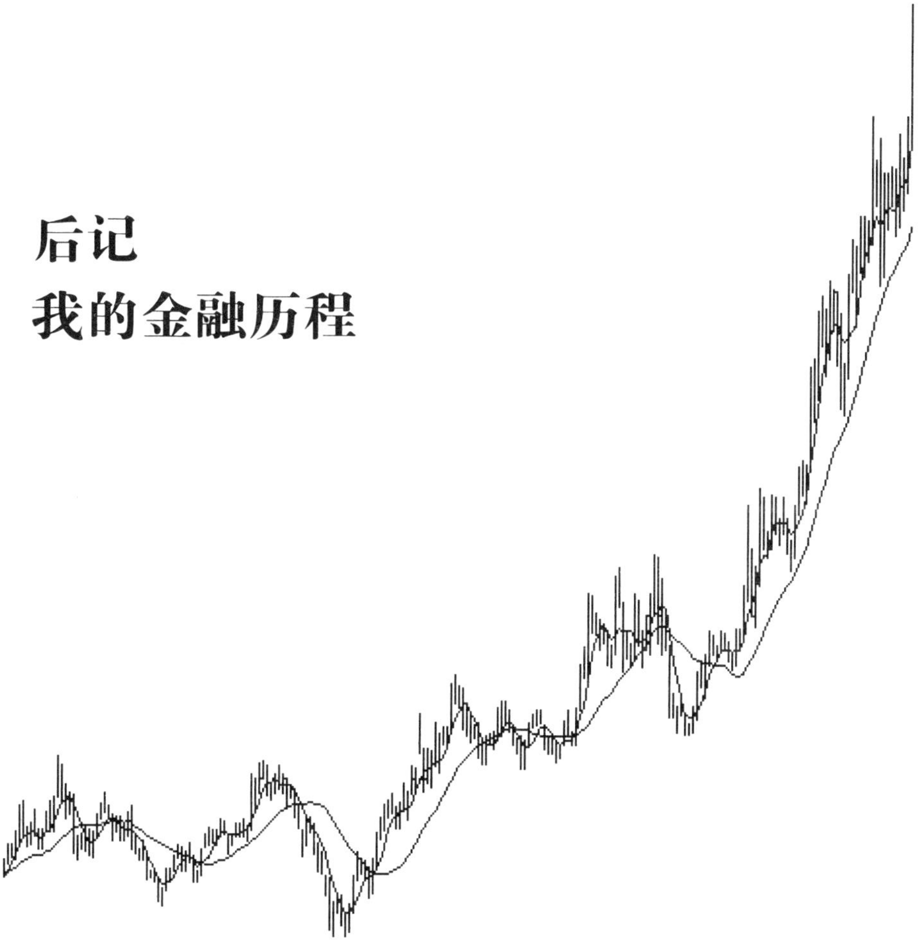

2004年，我从河南省考入位于广州的华南理工大学，从此负笈南下，开始了令人期待的大学生涯。唯一的遗憾是，因为高考分数差了几分，没能被自己心仪的机械专业录取，而是被调剂到了一个比较偏门的专业，即属于文学类分支的编辑出版学。初高中时代，我一直都是一名理科生，到大学却要学文科，这让我在欢喜之余，还没入学就对未来多了几分隐忧。

塞翁失马，焉知非福。到了大学我才知道，读文学类专业的空闲时间实在是太多了。每周就那么几节课，也很少有课后作业，这让我有充足的时间做自己喜欢的事，并为后来与金融业结缘提供了条件。

刚入大学，一切都是那么新鲜，学习压力全无，迎面而来的是丰富多彩的校园文化生活。如各种各样的文体娱乐，各种各样的大家讲座，各种各样的集体活动，既开阔了视野，玩得也很开心。大一是一个过渡阶段，从紧张的高中生活突然切换到多姿多彩又非常轻松的大学生活，确实很容易让人放纵起来。

从大二开始，我对未来有了更多的思考。那时候，华南理工大学允许大部分专业的学生修读第二专业或双学位，为那些对自己本专业不太满意，或者希望学到更多知识和技能的学生提供一个机会。于是，在经过大一的本专业学习后，从大二开学，我决定再修读一个金融学专业。这也是我与金融业结缘的开始。

我对金融专业的课学得很认真，努力程度远超本专业。相比之下，经济学、金融学原理，要比本专业的一些文化类课程有意思得多。在这些课程中，我学到了经济学、金融学的基础知识，学到了如何解释一些基本和常见的经济现象。在课余时间，我阅览了大量经济和金融类网络信息，迅速丰富了我的金融学知识。渐渐地，我发现自己对金融学充满了浓厚的兴趣。

然而，这种状态并没有持续多久。一方面，同时读两个专业要占用很多时间。另一方面，读第二专业还要多交一些学费。因此，在修读了一个学期之后，我放弃了继续修读。后来，我对自己当时放弃继续修读金融学的决定感到后悔，因为同样是四年时间，如果同时拿到编辑出版学和金融学双专业（双学位要读五年，双专业只需要读四年），毕业后的职业选择将会更多。

很快，我开始接触到股市，并对那些红红绿绿的K线图感到无比痴迷。我开始大量补习有关证券投资的知识，如每股收益、每股净资产、市盈率、市净率、净利润增长率，还有K线图形态分析和各种指标的含义及应用等。在这段时间里，我还认真学习了巴菲特的价值投资方法，以及道氏理论、艾略特波浪理论、江恩理论等技术投资方法。学习这些投资方法，对我的未来产生很大影响。

2006年，我开立了自己的股票账户，开始了真正的股票投资。那时我并没有多少资金，家庭条件决定了我每个学期只有一点拮据的生活费，这些钱当然不能全部放进股市里去，否则一旦亏损，麻烦就大了。

我只用了一点钱，并且一次只能在低价的股票上买进一两百股。最初的想法，也只是为了积累实战经验。一段时间后发现，原来炒股获利比预想的要困难得多。但是股市的上下波动对我来说充满了魔力，吸引着我不断学习各种投资方法，不断研究各个上市公司的基本面，希望可以实现稳定盈利。

我陆续犯了一些错误，这些也是一个投资者在投资初期最容易犯的错误。我犯的最大也是最多的错误，就是操作过于频繁。

看到下一只股票，总是觉得比上一只股票要好。过了几天之后，又觉得可能还是原来的要更好。或者看到其他股票上涨，自己手中的股票却在下跌，忍不住调仓换股。买入卖出，追涨杀跌，结果往往追了这个，错过那个，白白多交了许多手续费。

千万不要小看每次交易付出的那点手续费，长期累加在一起，也不是一个小数目。在股市中，很多人不是亏在行情上，而是亏在手续费上。

某一天，我在一家网站举行的炒股大赛中，发现了一个奇特的现象：有人在大赛中通过每天反复多次交易权证（权证实行T+0交易，即当天买入，可以在当天卖出，允许反复操作），在短短半年的时间里，积累了上百倍的收益。当然，实际操作要比模拟操作困难得多。权证行情变化实在太快，现在看到的信息，往往是几秒前的实际行情。这在高频交易中，对反应速度和提前预测能力是一个巨大考验。而在模拟操作中，只要看到有价格就能成交，无论成交量是多少。

我对这件事产生了极大的兴趣，决心探寻其中的奥秘。我发现，在这个炒股大赛中，有不少权证炒家通过对权证行情的微小波段进行反复买入和卖出，不断积累微小的利润，积少成多。这样一天下来，利润已经非常可观。

实际上，当时的权证交易非常火爆，也确实存在着高频交易，有人已经通过权证高频交易实现了资金高速增长。

进行权证高频交易需要以下两个条件。

一是需要短线行情判断技巧，能够迅速在微小的差价中实现反复低买高卖，积少成多。

二是需要很低的手续费。因为权证不用交印花税，证券公司上交给交易所的权证手续费也很少，所以证券公司很愿意提供给高频交易客户一个很低的手续费。

高频交易客户的交易量实际上大得惊人，每天的交易量往往相当于其本金的几十倍、上百倍，即便是很低的手续费，证券公司一样有利可图，因而当时的市场上已经出现了很低的权证交易手续费。

我很快有了两个想法，一是既然股票和权证市场这么火爆，如果在课余时间兼职做证券经纪业务的话，会不会是一门很好的生意呢？二是要尽快开通权证交易，谈一个相对较低的手续费，开始练习权证交易。

想到就去做，我很快就找到了合适的证券公司，成为一名兼职证券经纪人。证券经纪业务进展得非常顺利，甚至超出了我的想象。通过在各个股票、财经网站上发贴，迅速积累起一批客户。仅仅三个月后，月收入就已经超过了1万元，这对我来说简直喜出望外。在2006年，这个收入水平相当于广州市平均月工资的2倍，当时我一个学期的生活费也只有3000元。于是我的资金迅速宽裕起来。

经济宽松的日子实在太舒服了，我从此不再伸手向家里要钱，还能给家里一部分钱。我不再需要省吃俭用，花一点钱都要犹豫再三。当然，这点钱其实也不多，我还需要积累资金，不能大手大脚挥霍掉。仅仅通过这个业务，我在大学毕业时就已经有了一笔不小的资金。

我已经开通权证交易，往账户里转入5000元资金，开始学习权证高频交易。

因为交易过股票，对股票K线进行过较多的研究，已经积累了一定的实战经验。我在权证行情中反复寻找微小的波动，不断地买进和卖出，每天都要交易30至60次。但我的方法和经验显然还不够成熟，就这样断断续续交易了几个月后，资金已缩水到4000元。因为交易频繁，总手续费已经超过了本金，情况却一直不见好转。

我开始想退缩。与进展顺利的经纪业务相比，做权证交易简直是吃力不讨好。

2007年5月30日，国家财政部将股票交易印花税从千分之一调高到了千分之三，因为当时的A股整体市盈率已高达52倍。印花税调整后，A股迅速出现连续几天的暴跌，股市一片哀鸿。

与股票市场相比，权证交易没有交易印花税，因此大量资金涌入，形成了暴涨行情。当时有些权证品种短短几天内就上升了5倍甚至10倍，这对权证交易者来说，实在是一个太好的机会。我的4000元资金只做了几次大波段，就涨到了8000多元，不但收回了5000元成本，还盈利3000多元。

暴涨过后是连续的暴跌。我虽然小心谨慎地入场了几次，结果均告失败。当8000多元再次跌到5000元时，我决定暂停权证交易。

暂停权证交易有几个原因。

一是作为一名大学生，我还要上课。权证交易时间往往正是我的上课时间，总不能为了做权证长期不上课，毕竟完成学业才是最重要的。

二是在大学宿舍里做交易，同学们在宿舍出入、聊天，都不可避免地影响我的判断，无法集中精力进行交易。

三是我认为我的交易水平还达不到稳定盈利的水平，应该退出，待交易水平提高后再作打算。

权证不做了，但股票交易仍在持续进行着，即使当时犯了不少错误，总算还有一些盈利。2007年下半年，当上证指数达到6000点左右时，A股整体市盈率已经到了60倍左右，我决定离场，因为这个点位实在是太高了。

这个决定显然是明智的，当上证指数于2007年10月到达

6124.03点后，便拐头一路向下，下跌速度之快，超出所有分析师的预料。我庆幸自己离场实在太及时了。

如果说逃顶成功是一种幸运的话，那么接下来的失败就真的是水平不济了。当上证指数跌回到3000点左右时，我认为市场已经下跌了一半，应该跌得差不多了，于是开始入场，希望可以抄个大底。

其实3000点对当时的A股市场来说只是跌到了半山腰，还远远看不见山底。从3000点开始，我连续抄了几次底，结果每次都是买入后很快亏损，不得不斩仓离场。

上证指数最终一口气跌到1664.93点才开始反转，中间几乎没有一个像样的反弹。可以想象，当时几乎所有的抄底者，都逃脱不了被套或者被迫斩仓的命运。一场大跌下来，即使几次斩仓及时，我还是亏损了超过50%的资金。

我充分吸取教训，认为错误是对股市整体认识仍然不够清晰，判断水平仍然停留在传统理论的学习和使用上，还达不到在股市中稳定赚钱的水平，必须要对整个市场有一个更加深入的认识。

大学那几年，因为课外业务广泛，平时旷课太多，几乎每门功课的期末考试都是考前几天突击来完成。由此可见，我也认为自己确实是一个效率很高的人。

专业课成绩虽然一直都不太好，但我并不以为然，只要能顺利毕业就行。我始终认为，让一个理科生去读文科专业，不是一件很合适的事情。

毕业后，一切还算比较顺利，踏出校门后就正式参加了工作。因为平时工作很忙，我也与金融业暂时隔绝。当一个人的兴趣爱好暂停一段时间后，就会慢慢失去兴趣，甚至淡忘。股票也是一样。

有时候很长时间，我都想不起看一眼股市，这也直接导致我错过了2008年10月开始的一波反弹暴涨行情，错过了弥补大幅亏损的最好时机。

工作两三年之后，无论工作还是生活，都已经步入正常轨道，我对股市的接触也渐渐多了起来。每当我打开股票行情软件，感觉一切还是那么熟悉。我发现自己对金融市场依然有着浓厚的兴趣。既然如此，是不是应该重新考虑在金融市场进行一些学习和探索呢？虽然白天还需要上班，有时候还需要加班，但我还是会有一些业余时间，如果能把这些时间都利用起来，也是一笔很大的资源。

既然决定，就立即行动。这是我一贯的风格，而且我一向都有足够的毅力来执行自己的决定。

从2011年下半年开始，每天下班后，我都待在家里，重新开始学习和研究金融市场。

大学时代，我已经认真学习过证券投资的各种理论和方法，虽然并不缺乏这方面的知识，但仍然会犯一些错误。比如在2008年的A股大熊市行情中，一年时间里上证指数从6126.04点跌到

1664.93点，我从半山腰就开始抄底，一直抄到亏损累累。

从这件事中，我认为自己还缺乏对股市运行规律的宏观认识，为什么2008年A股大熊市会一下子那么深、跌那么快？我掌握的理论和方法，并不支持我达到这个认识，还需要从宏观角度对股市进行重新探索。

我一直认为，如果说股市是一个国家或地区经济的晴雨表，那么股市的运行规律本身应该成为物理运行规律的一部分。单纯从股市运行规律上讲，我更愿意将其当作一种物理现象来看待。只不过，相对于宇宙天体运行规律和地球上的天气、地震等自然现象，股市运行规律更多地是来自人类本身的因素。

从宏观角度观察股市，道氏理论、艾略特波浪理论和江恩时间周期，都是可以参考的方法，但又都存在局限性。

道氏理论的局限性，在于不知道趋势何时开始，何时结束，只能盲目地等待趋势。艾略特波浪理论的问题，在于很多时候根本数不清浪，有时候多，有时候少，而且当时我已经对五升三跌的波浪形态的正确性产生了怀疑。江恩时间周期的问题，在于其周期观点存在很大的模糊性，可能性太多，准确率也不高。

但是江恩时间周期，让我注意到了市场中时间的重要性，我开始往这方面进行努力。当我使用周期线对股市行情进行时间周期分析时，发现股市中存在着一些神奇的时间周期现象，比如某一低点和某一高点之间所用时间的x倍，刚好是接下来另一个重要高点的形成时间。

发现了这些现象之后，我逐渐形成了一个观点，那就是，如果股市中确实存在时间周期的话，时间周期一定和波浪理论存在必然的联系，时间周期一定会伴随着波浪理论的运行规律来运行，而不应该是独立存在的。坚信这一点，并不是当时灵感一现，而是出于对股市运行规律的领悟。

起初，我发现这些时间周期现象是杂乱无章的，相互之间也看不出有什么联系，让人完全摸不着头脑。我希望能寻找出一些规律。当然，一开始还是按照艾略特波浪理论的五升三跌八浪形态来寻找规律，这个过程一直持续了几个月，但一无所获。

于是我决定抛弃五升三跌八浪形态，改用三浪形态进行分析。三浪形态即是简单的一升一跌一升形态。很多时候，我发现三浪形态更容易解释股市中的波浪运行状况。然而三浪实在太少了。如果使用三浪形态的高一级形态，即三升三跌三升的九浪形态，效果更好一些，因为每一个时间周期，都至少需要在九浪中才能完成。

随着分析次数的不断增多，我越来越确信，三升三跌三升九浪比五升三跌八浪更接近波浪理论的本质形态。

经过不懈的努力，2012年，我终于发现了一点端倪，在三升三跌三升九浪形态下，某些时间周期实现了交替循环，这便是最初的等倍时间周期交替循环第一规律。当发现这一规律时，我非常开心。第一，证明了市场中确实存在着神奇的时间周期，而且时间周期能够伴随着波浪形态进行无限交替循环。第二，证明了三升三跌三升九浪形态才是波浪理论的本质形态，因为只有在九浪形态下，才能实现时间周期的无限交替循环。

这是一个很好的开始。在我收集的大量时间周期素材中，还有一部分素材未能发现其中的规律，我必须继续深入挖掘。

在对时间周期现象进行攻坚的日子里，我几乎到了下班后足不出户的地步，每天都是两点一线，即工作单位和家里。

2012年1月份，我通过了全国硕士研究生入学统一考试，成为西南交通大学公共管理学院的一名研究生，这让我本已十分紧张的时间绷得更紧了。即便我认为自己是个工作效率很高的人，但是包括工作、读研和金融市场研究加在一起，如此繁重的任务，还是一度让我感到身心疲惫。当然，工作才是最重要的，无论读研或是搞金融研究，都不能影响我的工作，我仍然需要这份工作来维持正常的生活。

我几乎已经没有一点空闲时间，下班后整个人越来越“宅”，连基本的体育活动都很少参加了。这真是一段隐忍的日子。

当我发现了等倍时间周期交替循环第一规律后，接着根据找到的时间周期现象，提出了一个又一个假设并进行验证。渐渐地，其他几个时间周期交替循环规律也陆续被挖掘出来，从第一规律一直到第五规律，这便是等倍时间周期的五大交替循环规律。

这五大交替循环规律，几乎可以解释到我收集的所有时间周期现象。同时，我对三升三跌三升九浪形态，也继续进行深入的分析和研究，发现了九浪形态中所包含的四个基本要素，发现了各浪之间的变化形态，并终于形成了对称波浪理论。

由于对称波浪理论和等倍时间周期的紧密联系，我将它们称为波浪时空体系。

至此，我对金融市场的研究工作取得初步成果，这时候已经是2013年下半年。从发现时间周期现象，到系统地提出波浪时空体系，我用了整整两年的时间。准确地讲，是整整两年的业余时间。为了这一理论体系，我放弃了太多的休息，付出了太多的努力。几年过来，当孤独成为一种习惯，我也真的习惯孤独了。

2014年秋，我决定将波浪时空体系著书出版。